Utilize este código QR para se cadastrar de forma mais rápida:

Ou, se preferir, entre em:
**www.richmond.com.br/ac/livroportal**
e siga as instruções para ter acesso aos conteúdos exclusivos do
**Portal e Livro Digital**

12107758 Orbit 1

CÓDIGO DE ACESSO:

**A 00161 ORBIT 1 07279**

Faça apenas um cadastro. Ele será válido para:

MODERNA Richmond SANTILLANA ESPAÑOL

# Da semente ao livro,
## sustentabilidade por todo o caminho

### Plantar florestas
A madeira que serve de matéria-prima para nosso papel vem de plantio renovável, ou seja, não é fruto de desmatamento. Essa prática gera milhares de empregos para agricultores e ajuda a recuperar áreas ambientais degradadas.

### Fabricar papel e imprimir livros
Toda a cadeia produtiva do papel, desde a produção de celulose até a encadernação do livro, é certificada, cumprindo padrões internacionais de processamento sustentável e boas práticas ambientais.

### Criar conteúdos
Os profissionais envolvidos na elaboração de nossas soluções educacionais buscam uma educação para a vida pautada por curadoria editorial, diversidade de olhares e responsabilidade socioambiental.

Taciro Comunicação, Alexandre Santana e Estúdio Pingado

### Construir projetos de vida
Oferecer uma solução educacional Moderna é um ato de comprometimento com o futuro das novas gerações, possibilitando uma relação de parceria entre escolas e famílias na missão de educar!

MODERNA

Apoio: TWO SIDES www.twosides.org.br

Fotografe o Código QR e conheça melhor esse caminho.
Saiba mais em ***moderna.com.br/sustentavel***

# Orbit

**Editora responsável:**
Izaura Valverde

1

Richmond

# Richmond

**Direção editorial:** Sandra Possas

**Edição executiva de inglês:** Izaura Valverde
**Gerência de *design* e produção:** Christiane Borin
**Edição executiva de conteúdos digitais:** Adriana Pedro de Almeida

**Coordenação de arte:** Raquel Buim
**Coordenação de multimídia:** Claudiner Corrêa Filho
**Coordenação de conteúdos digitais:** Andrea Pilipposian

**Edição de texto:** Bruna Marini, Giuliana Gramani, Nathália Horvath
**Assistência editorial:** Lívia Mantovani
**Edição de conteúdo digital:** Ana Paula Campos, Gabrielle Navarro, Thaís Teixeira Tardivo
**Elaboração de conteúdo:** Bruna Marini, Giuliana Gramani, Juliana Mutton, Wilson Chequi
**Preparação de originais:** Erika Jurdi, Mahana Pelosi Cassiavillani, Roberta Moratto Risther
**Revisão:** Ana Curci, Barbara Yumi Lemos, Beatriz Guedes, Carolina Waideman, Flora Manzione, Rafael Gustavo Spigel, Raura Ikeda, Ray Shoulder, Roberta Moratto Risther, Vivian Cristina de Souza

**Áudio:** Maximal Studio, Spectrum Estúdio

**Projeto gráfico:** Amanda Savoini
**Edição de arte:** Fabiane Eugenio; David Urbinatti (Manual do Professor)
**Assistência de arte:** Mônica M. Oldrine
**Edição de arte multimídia:** Daniel Favalli
**Edição de conteúdo do Portal Educacional Richmond:** Sheila Rizzi
**Diagramação:** Casa de Ideias
**Capa:** Arbore Editoração, Mônica M. Oldrine
**Ilustração da capa:** Marco Palmieri
**Criações:** Altair Sampaio, Carol Duran, Fabiane Eugenio, Gustavo Moraes, Igor Aoki, Mônica M. Oldrine
**Ilustrações:** Anna Anjos, Biry Sarkis, Bruna Assis Brasil, Chris Borges, Claudia Souza, Daniel Linard, Danillo Souza, Diego Loza, Douglas Feer, Evertoons, Fabiana Salomão, Fil Dunsky, Gordei, Gra Mattar, Jorge Pepelife, Juan Carlos Federico, Leo Teixeira, Marco Palmieri, Marcos de Mello, Marcos Llussá, Maria Rigon, Matthieu Roussel, Mauro Souza, Michele Cavaloti, Pablo Zamboni, Raitan Ohi, Renam Penante, Ricardo Chucky, Sawa, Tintavlek
**Iconografia:** Adriana Neves, Bianca de Melo, Maria Magalhães, Sara Alencar
**Coordenação de *bureau*:** Rubens M. Rodrigues
**Tratamento de imagens:** Denise Feitoza Maciel, Marina M. Buzzinaro, Luis Carlos Costa, Joel Aparecido
**Pré-impressão:** Alexandre Petreca, Denise Feitoza Maciel, Everton L. de Oliveira, Marcio H. Kamoto, Vitória Sousa
**Impressão e acabamento:** Rona Editora
**Lote:** 280713 / 280714


Todos os *sites* mencionados nesta obra foram reproduzidos apenas para fins didáticos. A Richmond não tem controle sobre seu conteúdo, o qual foi cuidadosamente verificado antes de sua utilização.
*Websites mentioned in this material were quoted for didactic purposes only. Richmond has no control over their content and urges care when using them.*
Embora todas as medidas tenham sido tomadas para identificar e contatar os detentores de direitos autorais sobre os materiais reproduzidos nesta obra, isso nem sempre foi possível. A editora estará pronta a retificar quaisquer erros dessa natureza assim que notificada.
*Every effort has been made to trace the copyright holders, but if any omission can be rectified, the publishers will be pleased to make the necessary arrangements.*


**Dados Internacionais de Catalogação na Publicação (CIP)**
**(Câmara Brasileira do Livro, SP, Brasil)**

Orbit / editora responsável Izaura Valverde; obra coletiva concebida, desenvolvida e produzida pela Editora Moderna. — São Paulo: Moderna, 2017.

Obra em 5 v. para alunos do 1º ao 5º ano.

1. Inglês (Ensino fundamental) I. Valverde, Izaura.

17-03574

**Índices para catálogo sistemático:**
1. Inglês : Ensino fundamental 372.652

**ISBN 978-85-16-10775-8 (LA)**
**ISBN 978-85-16-10776-5 (LP)**





**RICHMOND**
EDITORA MODERNA LTDA.
Rua Padre Adelino, 758 - Belenzinho
São Paulo - SP - Brasil - CEP 03303-904
www.richmond.com.br
2019
Impresso no Brasil


**Créditos das fotos:**
p. 10: ©JudyKennamer/iStockphoto, ©laflor/iStockphoto, ©shapecharge/iStockphoto, ©PeopleImages/iStockphoto, ©bowdenimages/iStockphoto, ©kali9/iStockphoto, ©FatCamera/iStockphoto, ©digitalskillet/iStockphoto, ©NADOFOTOS/iStockphoto, ©jpmediainc/iStockphoto, ©PeopleImages/iStockphoto, ©Poike/iStockphoto; p. 11: ©Fernando Favoretto, ©Pannawat/iStockphoto; p. 15: ©monkeybusinessimages/iStockphoto, ©xavierarnau/iStockphoto, ©monkeybusinessimages/iStockphoto; p. 18: ©ayo888/iStockphoto; p. 19: ©Fernando Favoretto, ©Photodjo/iStockphoto, ©Ron_Thomas/iStockphoto; p. 23: ©gibgalich/iStockphoto, ©gibgalich/iStockphoto, ©gibgalich/iStockphoto, ©gibgalich/iStockphoto, ©gibgalich/iStockphoto, ©gibgalich/iStockphoto, ©gibgalich/iStockphoto, ©gibgalich/iStockphoto, ©gibgalich/iStockphoto, ©gibgalich/iStockphoto, ©gibgalich/iStockphoto; p. 25: ©prapassong/iStockphoto; p. 27: ©Nevena1987/iStockphoto, ©gollykim/iStockphoto, ©adogslifephoto/iStockphoto, ©mu_mu_/iStockphoto, ©SQUAMISH/iStockphoto, ©Belikart/iStockphoto; p. 28: ©Webkatrin001/iStockphoto, ©alexei_tm/iStockphoto, ©Bartolome Ozonas/iStockphoto, ©sergeyryzhov/iStockphoto; p. 29: ©Fernando Favoretto, ©Fernando Favoretto, ©Urilux/iStockphoto; p. 30: ©rmnunes/iStockphoto, ©77studio/iStockphoto; p. 33: ©kuricheva/iStockphoto, ©EnkiPhoto/iStockphoto, ©malerapaso/iStockphoto, ©lopurice/iStockphoto, ©baiajaku/iStockphoto, ©bozhdb/iStockphoto; p. 36: ©Altinosmanaj/iStockphoto, ©Lolkaphoto/iStockphoto, ©soleg/iStockphoto, ©koosen/iStockphoto, ©VladimirFLoyd/iStockphoto, ©Greenety/iStockphoto, ©Wavetop/iStockphoto, ©indianeza/iStockphoto, ©Monia33/iStockphoto, ©StockImages_AT/iStockphoto; p. 37: ©Fernando Favoretto; p. 42: ©PJPhoto69/iStockphoto, ©monkeybusinessimages/iStockphoto; p. 43: ©AGL_Photography/iStockphoto, ©izusek/iStockphoto, ©FatCamera/iStockphoto, ©michaeljung/Shutterstock, ©in4mal/iStockphoto; p. 45: ©Elnur/Shutterstock, ©BravissimoS/iStockphoto, ©aerogondo/iStockphoto, ©Vicheslav/iStockphoto, ©bighugcreative/iStockphoto, ©Eva-Katalin/iStockphoto, ©User2547783c_812/iStockphoto, ©volkovslava/iStockphoto; p. 47: ©FatCamera/iStockphoto, ©NAndre/iStockphoto, ©s-cphoto/iStockphoto, ©hkeita/iStockphoto, ©Shelly Still/Shutterstock, ©_laurent/iStockphoto, ©onepony/iStockphoto, ©titelio/iStockphoto, ©yotrak/iStockphoto, ©erreti/iStockphoto; p. 51: ©malerapaso/iStockphoto, ©John_Kasawa/iStockphoto, ©Oez/iStockphoto, ©ElementalImaging/iStockphoto, ©Kais Tolmats/iStockphoto, ©Valengilda/iStockphoto, ©Sergiy1975/iStockphoto; p. 53: ©nale/iStockphoto, ©tatyana_tomsickova/iStockphoto, ©djedzura/iStockphoto, ©lucielang/iStockphoto, ©oat_autta/iStockphoto, ©VVZann/iStockphoto, ©deeaf/iStockphoto, ©dlerick/iStockphoto, ©RakicN/iStockphoto, ©PRImageFactory/iStockphoto; p. 54: ©Wavebreakmedia/iStockphoto, ©DGLimages/iStockphoto, ©monkeybusinessimages/iStockphoto, ©czarny_bez/iStockphoto, ©kutaytanir/iStockphoto; p. 55: ©Fernando Favoretto; p. 59: ©Dotta 2; p. 60: ©gbrundin/iStockphoto, ©anilakkus/iStockphoto, ©joakimbkk/iStockphoto, ©yokeetod/iStockphoto, ©bezmaski/iStockphoto; p. 63: ©robinimages/iStockphoto, ©gerenme/iStockphoto, ©Peter_visual/iStockphoto, ©YinYang/iStockphoto, ©KatarzynaBialasiewicz/iStockphoto, ©can72/iStockphoto; p. 64: ©klazing/iStockphoto, ©monitor6/iStockphoto, ©kodachrome25/iStockphoto, ©OGphoto/iStockphoto, ©poligonchik/iStockphoto, ©Elenathewise/iStockphoto, ©DimitarOmi/iStockphoto, ©KatarzynaBialasiewicz/iStockphoto, ©vicnt/iStockphoto, ©atiatiati/iStockphoto; p. 65: ©LittleBee80/iStockphoto; p. 66: ©Rocky89/iStockphoto, ©Sara Terrones; p. 69: ©WichitS/iStockphoto, ©elenaleonova/iStockphoto, ©ImageegamI/iStockphoto, ©martin_33/iStockphoto, ©StoryTeller/iStockphoto; p. 71: ©aluxum/iStockphoto, ©Baloncici/iStockphoto, ©ch__ch/iStockphoto, ©kemalbas/iStockphoto, ©pilipphoto/iStockphoto, ©lewty92/iStockphoto, ©rez-art/iStockphoto; p. 73: ©DNF-Style/iStockphoto, ©rbellesen/iStockphoto, ©Amarita/iStockphoto, ©enviromantic/iStockphoto, ©JodiJacobson/iStockphoto, ©tycoon751/iStockphoto, ©petrenkod/iStockphoto, ©vvvita/iStockphoto; p. 77: ©monkeybusinessimages/iStockphoto, ©Wavebreakmedia/iStockphoto, ©jaclynwr/iStockphoto, ©ziggy_mars/iStockphoto, ©emholk/iStockphoto, ©lutavia/iStockphoto, ©artisteer/iStockphoto, ©wideonet/iStockphoto, ©habovka/iStockphoto, ©pilipphoto/iStockphoto, ©davidf/iStockphoto, ©Boogich/iStockphoto; p. 82: ©mj - tim photography/Shutterstock, ©Gelpi/Shutterstock, ©Dimedrol68/Shutterstock, ©GlobalP/iStockphoto, ©littlepaw/iStockphoto, ©7io/iStockphoto; p. 83: ©xmagic/iStockphoto, ©Fernando Favoretto/Criar Imagem, ©h4ckermodify/iStockphoto, ©Itsadream/Dreamstime/Glow Images, ©SolStock/iStockphoto, ©Janine Lamontagne/iStockphoto, ©fergregory/iStockphoto, ©fotomy/iStockphoto, ©akiyoko/iStockphoto, ©TomazPlut/iStockphoto, ©FabrikaCr/iStockphoto, ©fcafotodigital/iStockphoto, ©Nataliashein/iStockphoto, ©Dotta2; p. 90: ©gpointstudio/iStockphoto, ©kali9/iStockphoto; p. 92: ©siraanamwong/iStockphoto, ©mustafagull/iStockphoto, ©anamejia18/iStockphoto, ©MundusImages/iStockphoto, ©kajakiki/iStockphoto, ©pattonmania/iStockphoto, ©Detalhe da obra Woman in a Landscape (c.1912), by Pierre-Auguste Renoir. Oil on canvas. Private Collection, ©Detalhe da obra The Milliner's Workshop (Atelier de la modiste), Rue La Boétie, Paris, January 1926, by Pablo Picasso. Oil on canvas, 172 x 256 cm. Musée national d'art moderne/Centre de création industrielle/Centre Pompidou/Paris © Succession Pablo Picasso / AUTVIS, Brasil, 2017, ©Detalhe da obra The Starry Night (c.1889), by Vincent van Gogh. Oil on canvas, 73 × 92 cm, Museum of Modern Art/NY, ©Talha_shahzad_photography/iStockphoto, ©Satakorn/iStockphoto, ©cenkertekin/iStockphoto, ©Dizolator/iStockphoto, ©peregrina/iStockphoto; p. 98: ©AGrigorjeva/iStockphoto, ©alfexe/iStockphoto, ©RugliG/iStockphoto, ©AEyZRiO/iStockphoto, ©poppistock/iStockphoto, ©Chunhai Cao/iStockphoto, ©BrianAJackson/iStockphoto, ©Maya23K/iStockphoto, ©iv-serg/iStockphoto, ©noblige/iStockphoto, ©Bun_Visit/iStockphoto; p. 102: ©RichLegg/iStockphoto, ©romakoma/Shutterstock, ©vitaldrum/iStockphoto, ©YinYang/iStockphoto, ©cinoby/iStockphoto, ©focusstock/iStockphoto; p. 104: ©bhofack2/iStockphoto, ©al62/iStockphoto, ©dogayusufdokdok/iStockphoto, ©ansonmiao/iStockphoto, ©EmmaKStudio/iStockphoto, ©BassittART/iStockphoto, ©bhofack2/iStockphoto, ©barol16/iStockphoto.

# MEET BROWNIE AND THE KIDS!

# Conteúdo programático

| Unidade | Informação norteadora | Objetivos | Conteúdo linguístico | Competência socioemocional | Conteúdo digital | Apêndices |
|---|---|---|---|---|---|---|
| **Welcome** – p. 6 | *How do children live?* | • Apresentar-se a alguém. | *Hi/Hello, I'm...*<br>*What's your name?* | | | |
| **1 I Love My Family!** p. 8 | *Children have families.* | • Apresentar os membros da família.<br>• Descrever se uma família é pequena ou grande.<br>• Praticar o som /æ/. | *brother, dad, grandma, grandpa, mom, sister*<br>*big/small family*<br>*This is my.*<br>*Oh, and this is me!*<br>*Oh, and this is my (brother) too!*<br>*I love my family!* | respeito aos idosos | • galeria multimídia com diferentes tipos de família | • **Workbook** p. 89 |
| **2 Playing with Colors** p. 16 | *Children play.* | • Falar sobre brinquedos de um *playground*.<br>• Descrever as cores dos brinquedos de um *playground*.<br>• Perguntar sobre a cor favorita de alguém e dizer qual é a sua cor favorita.<br>• Praticar o som /eɪ/. | *ball pit, jungle gym, seesaw, slide, swing, trampoline*<br>*black, blue, brown, gray, green, orange, pink, purple, red, white, yellow*<br>*The (slide) is (orange).*<br>*What color is it?*<br>*It's...*<br>*What's your favorite color?*<br>*My favorite color is...* | colaboração e (auto)confiança | • vídeo que mostra crianças brincando em diferentes ambientes<br>• GIF animado para trabalho com vocabulário de cores | • **Workbook** p. 91 |
| **Review 1 & 2** – p. 24 | | | | | | |
| **3 Cute Pets** p. 26 | *Children have pets.* | • Perguntar e responder sobre animais de estimação.<br>• Perguntar e responder sobre quantidades de animais de estimação.<br>• Praticar o som /ɪ/. | *cat, dog, ferret, hamster, rabbit, turtle*<br>*numbers 1-10*<br>*What's this?*<br>*It's a...*<br>*It's cute!*<br>*How many (dogs)?*<br>*(Three).* | responsabilidade e autonomia | • vídeo que mostra como fazer sombras de animais com as mãos<br>• vídeo para reforçar a construção *What's this?*<br>• vídeo para ilustrar as responsabilidades relacionadas a animais de estimação | • **Workbook** p. 93<br>• **Hands On** p. 82 |
| **4 Move Your Body** p. 34 | *Children dance.* | • Falar sobre as partes do corpo e suas quantidades.<br>• Reconhecer as funções das partes do corpo.<br>• Empregar comandos simples relacionados à utilização das partes do corpo em uma dança.<br>• Praticar o som /iː/. | *arms, ears, eyes, feet, hands, head, legs, mouth, nose*<br>*I have (one mouth) and (two eyes).*<br>*Clap your hands!*<br>*Move your (arms)!*<br>*Stamp your feet!*<br>*Touch your (head)!* | abertura ao novo | • infográfico animado com vídeos de crianças realizando danças típicas<br>• vídeo para trabalho com vocabulário de partes do corpo | • **Workbook** p. 95 |
| **Review 3 & 4** – p. 42 | | | | | | |

# WELCOME

2 LOOK AND LISTEN.

# 1 I LOVE MY FAMILY!

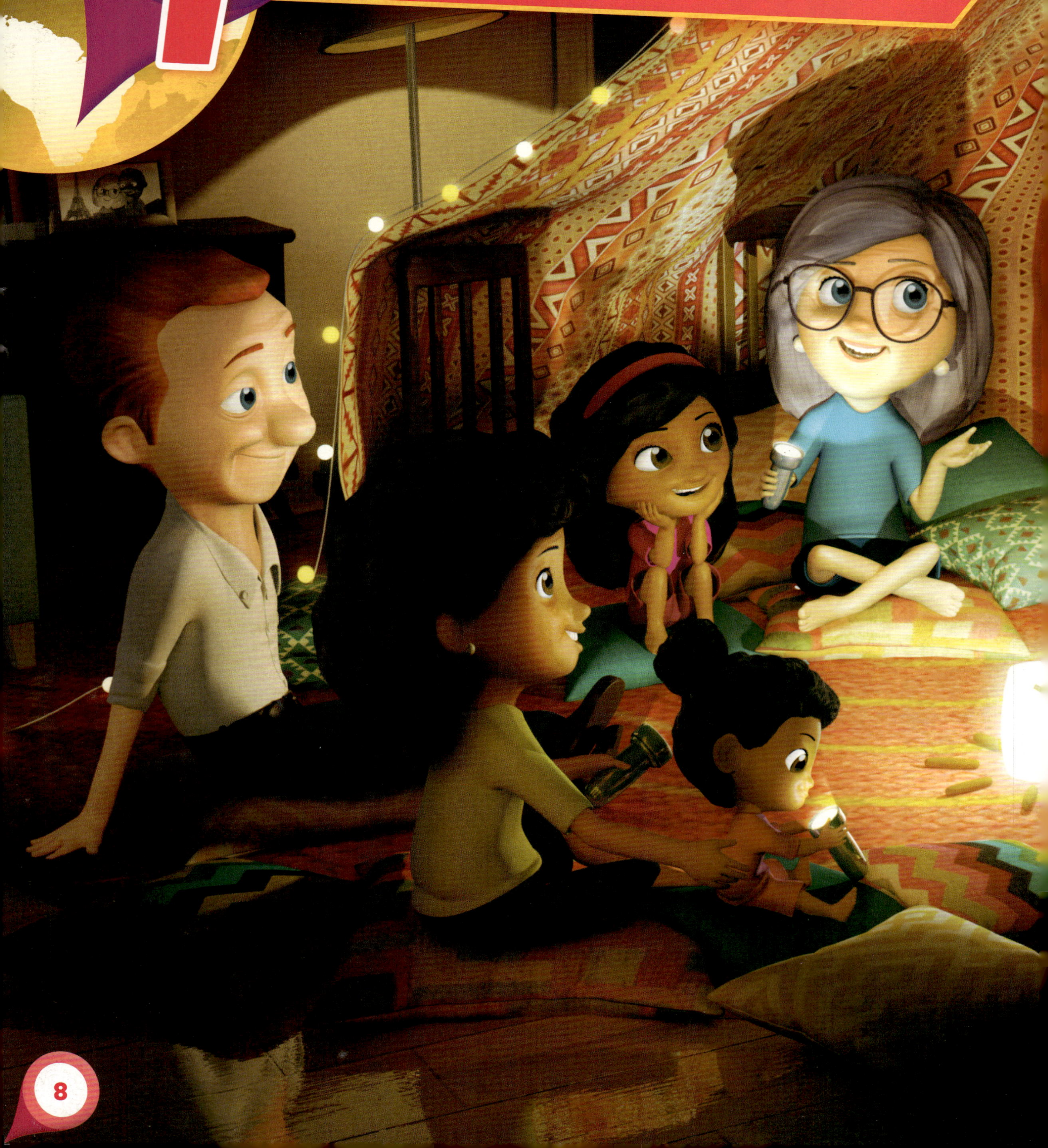

3 **1** LOOK, LISTEN AND SAY.

4 **2** LOOK AND MATCH. THEN LISTEN AND CHECK.

A BIG FAMILY

A SMALL FAMILY

5 **3** LISTEN, FIND AND POINT. THEN CIRCLE.

**4** THINK AND DRAW.

## 5 LISTEN AND CHECK.

## 6 LISTEN AND NUMBER.

A

B

8

## 7 LOOK, LISTEN AND SAY.

## 8 DRAW, COLOR AND TALK.

9 **9** LOOK AND LISTEN.

## 10 LOOK, THINK AND CHECK.

1 ◯

2 ◯

3 ◯

## 10 11 LISTEN AND SAY. THEN STICK.

## 12 PRESS OUT AND TALK.

11 **13** LISTEN AND POINT. THEN SING AND DANCE!

# BIG OR SMALL?

BIG OR SMALL? BIG OR SMALL?

MY MOM AND MY DAD,
ME AND NED.
SMALL, SMALL!

BIG OR SMALL?
BIG OR SMALL?

MY MOM AND MY DAD,
MY BABY BROTHER AND MY SISTER,
MY GRANDMA AND MY GRANDPA.
OH, AND TED.
BIG, BIG!

BIG OR SMALL? BIG OR SMALL?
IT DOESN'T MATTER,
JUST LOVE THEM ALL!

12 **14** **LOOK, LISTEN AND NUMBER.**

A 

B 

C 

**15** **PLAY TIC-TAC-TOE.**

# 2 PLAYING WITH COLORS

## 13 1 LOOK, LISTEN AND SAY.

BALL PIT

JUNGLE GYM

SEESAW

SLIDE

SWING

TRAMPOLINE

## 14 2 LOOK, LISTEN AND SAY. THEN COLOR.

BLUE GREEN ORANGE PINK

PURPLE RED YELLOW

## 15 3 LISTEN, FIND AND NUMBER.

1
2
3
4
5
6
7

16 

## 4 LISTEN AND CIRCLE. THEN COLOR.

## 5 LOOK, THINK AND STICK.

#colors

## 6 LOOK, LISTEN AND SAY.

## 7 COLOR AND TALK.

18 8 **LOOK AND LISTEN.**

9 TRUST YOUR CLASSMATE!

19 10 LISTEN AND SAY. THEN DRAW AND COLOR.

11 PRESS OUT, PLAY AND TALK.

**12** LISTEN, SING AND PLAY!

# PLAYGROUND FUN

WHAT CAN I MAKE? WHAT CAN I MAKE?

MAKE A BLUE SLIDE AND PLAY
MAKE A YELLOW SWING AND PLAY
MAKE A RED JUNGLE GYM AND PLAY

WHAT CAN I MAKE? WHAT CAN I MAKE?

MAKE A GREEN BALL PIT AND PLAY
MAKE A PINK SEESAW AND PLAY
MAKE A PURPLE TRAMPOLINE AND PLAY

WHAT CAN I MAKE? WHAT CAN I MAKE?

## 13 WHAT'S YOUR FAVORITE COLOR? CHECK.

## 14 SURVEY AND COLOR.

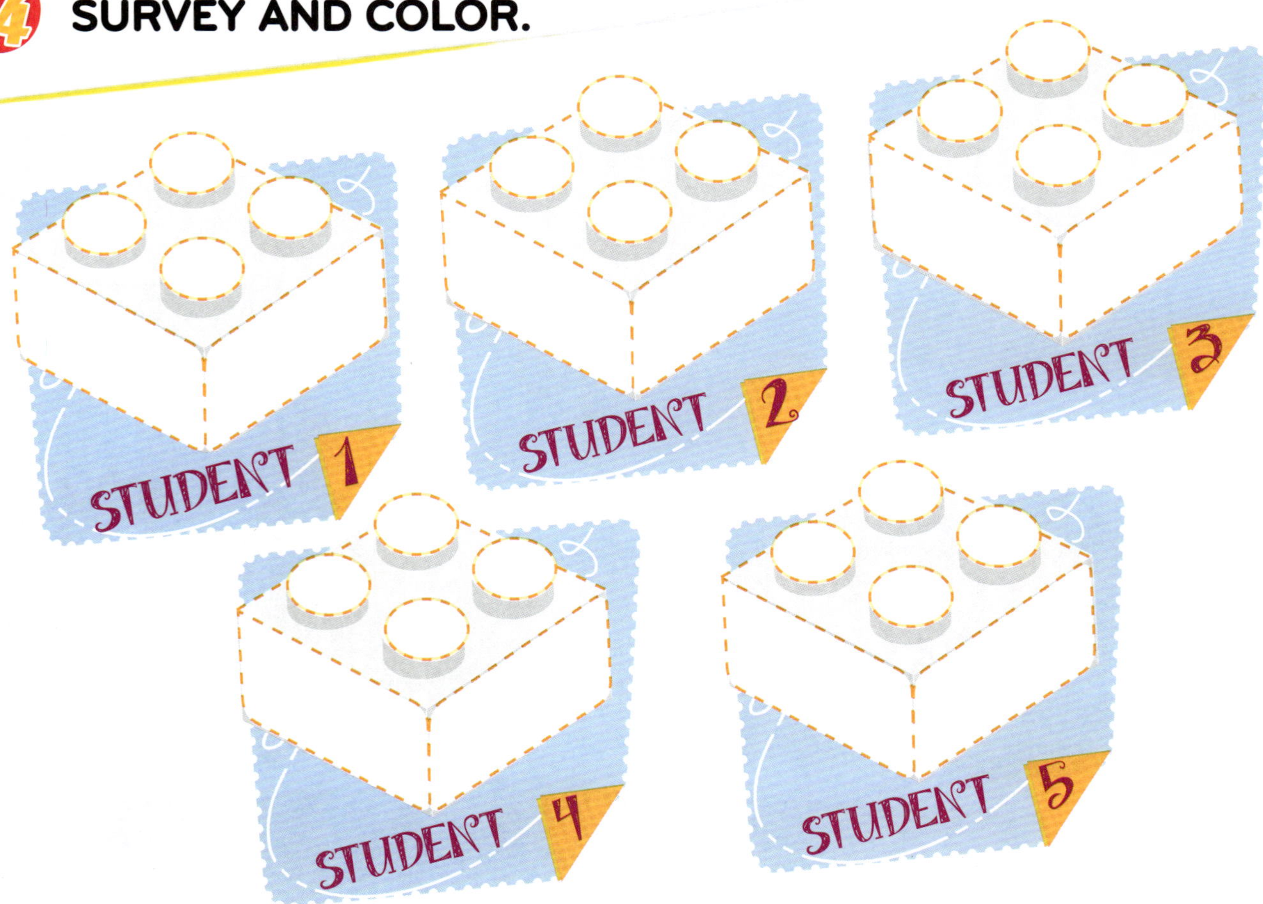

# REVIEW 1 & 2

## 1 LOOK, FIND AND NUMBER. THEN SAY.

## 2 THINK AND CIRCLE.

21 **3** **LOOK, LISTEN AND COLOR.**

**4** **LOOK, THINK AND STICK.**

# 3 CUTE PETS

MEOW

22 **1** LOOK, LISTEN AND SAY.

23 **2** LOOK, LISTEN AND SAY. THEN COUNT AND WRITE.

| 1 | 2 | 3 | 4 | 5 | 6 | 7 | 8 | 9 | 10 |
|---|---|---|---|---|---|---|---|---|---|
| ONE | TWO | THREE | FOUR | FIVE | SIX | SEVEN | EIGHT | NINE | TEN |

24 **3** LISTEN, FIND AND POINT.

MEOW

## 4 LOOK, COUNT AND CIRCLE.

A 3 4

B 3 2

C 5 1

D 4 2

E 8 6

F 7 5

## 25 5 LOOK, LISTEN AND NUMBER.

A

B

C

D

26 6 LOOK, LISTEN AND SAY.

#what's #this

7 DRAW AND TALK.

27 **8** LOOK AND LISTEN.

#responsibilities #pets

## 9 THINK AND CHECK.

## 28 10 LISTEN AND SAY. THEN TAKE THE IGUANA HOME.

THIS INCREDIBLE IGUANA LIVES IN BRAZIL.

## 11 PRESS OUT AND TALK.

29 12 LISTEN AND STICK. THEN SING!

# LITTLE PETS TO ADOPT

ONE LITTLE, TWO LITTLE, THREE LITTLE FERRETS
FOUR LITTLE, FIVE LITTLE, SIX LITTLE FERRETS
SEVEN LITTLE, EIGHT LITTLE, NINE LITTLE FERRETS
TEN LITTLE FERRETS TO ADOPT

ONE LITTLE, TWO LITTLE, THREE LITTLE CATS
FOUR LITTLE, FIVE LITTLE, SIX LITTLE CATS
SEVEN LITTLE, EIGHT LITTLE, NINE LITTLE CATS
TEN LITTLE CATS TO ADOPT

ONE LITTLE, TWO LITTLE, THREE LITTLE DOGS
FOUR LITTLE, FIVE LITTLE, SIX LITTLE DOGS
SEVEN LITTLE, EIGHT LITTLE, NINE LITTLE DOGS
TEN LITTLE DOGS TO ADOPT

## 13 LOOK AND MATCH. THEN COUNT AND ANSWER.

1

2

3

A

B

C

HOW MANY?

## 14 DRAW AND DO A PICTURE DICTATION.

# 4 MOVE YOUR BODY

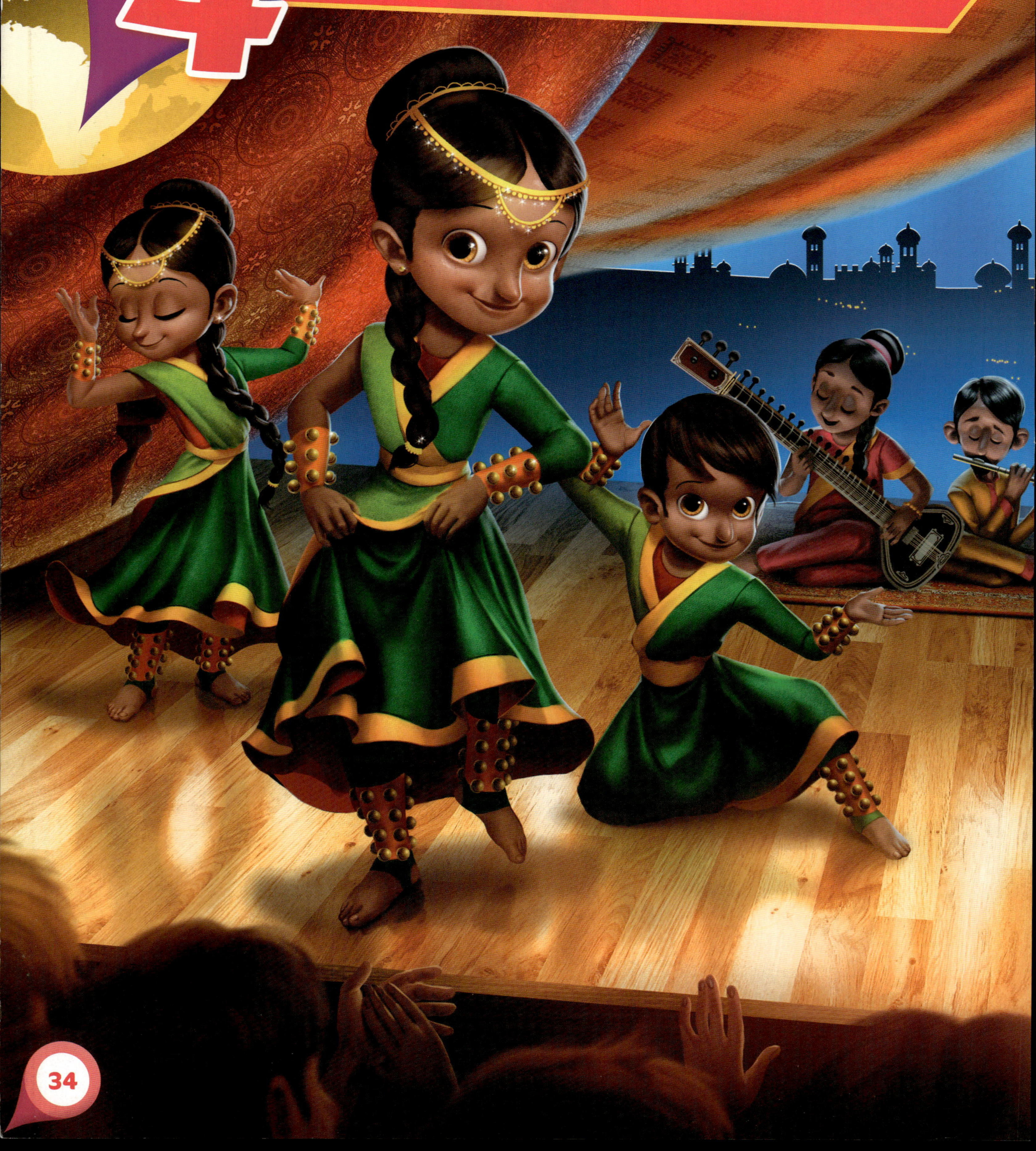

30 **1** **LOOK, LISTEN AND SAY.**

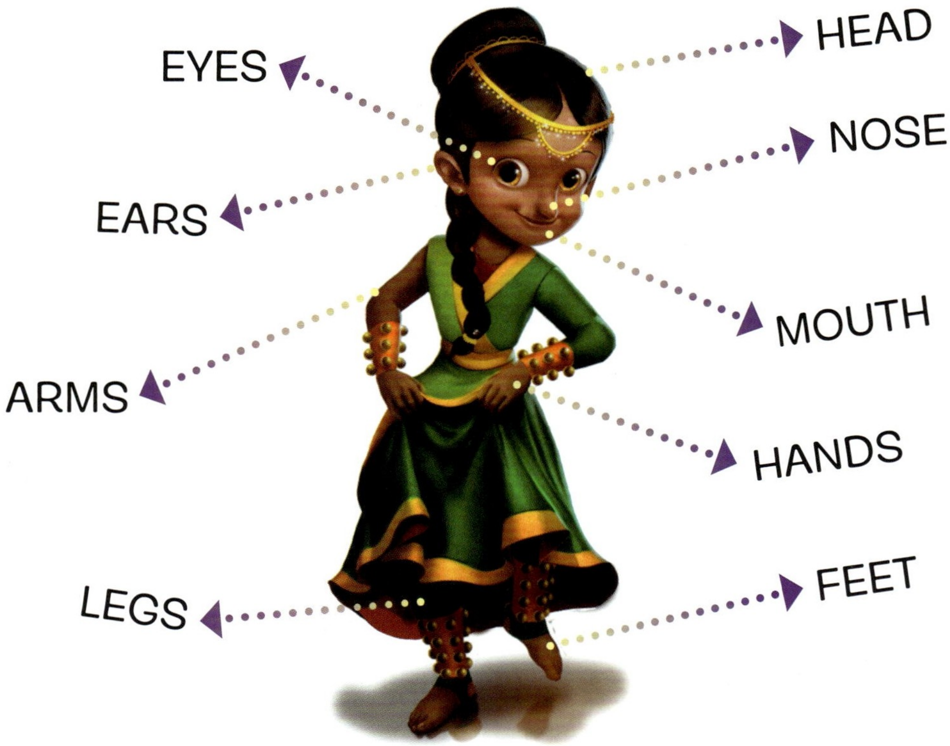


31 **2** **LISTEN AND CHECK.**

1 

2 

3 

4 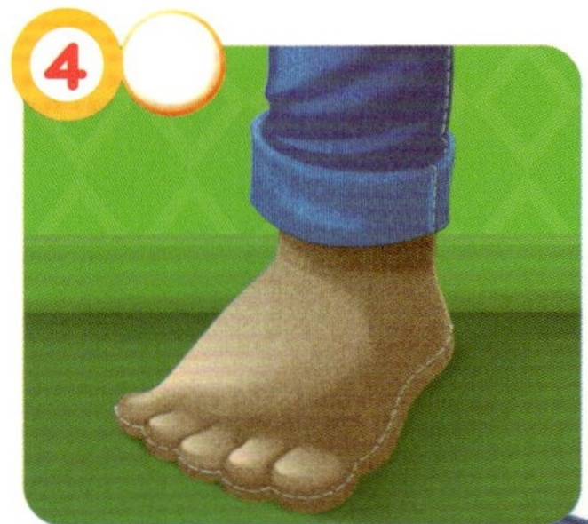

32 **3** **LISTEN, FIND AND POINT.**

33

## 4 LISTEN AND NUMBER.

#body

## 5 LOOK, THINK AND MATCH.

34

## 6 LOOK, LISTEN AND SAY.

## 7 DRAW, COLOR AND ROLE-PLAY.

35 8 **LOOK AND LISTEN.**

## 9 LOOK AND CHECK.

## 10 LISTEN AND SAY. THEN STICK.

36

## 11 PRESS OUT AND PLAY.

# DANCE LIKE A ROBOT

TOUCH YOUR HEAD LIKE A ROBOT
MOVE YOUR ARMS LIKE A ROBOT
STAMP YOUR FEET LIKE A ROBOT
CLAP YOUR HANDS LIKE A ROBOT
DANCE LIKE A ROBOT

I LIKE TO TOUCH MY HEAD LIKE A ROBOT
I LIKE TO MOVE MY ARMS LIKE A ROBOT
I LIKE TO STAMP MY FEET LIKE A ROBOT
I LIKE TO CLAP MY HANDS LIKE A ROBOT
I LIKE TO DANCE LIKE A ROBOT

13 CHOOSE AND STICK.

## MY CHOREOGRAPHY

1

2

3

4

38 14 NOW DANCE!

# REVIEW 3 & 4

## 1 LOOK, STICK AND SAY.

1

2

3

## 2 LISTEN AND COLOR.

39

A

B

C

40 3 LISTEN, LOOK AND NUMBER.

4 LOOK AND SAY. THEN PLAY SIMON SAYS.

# 5 TIME TO PLAY!

## 41 1 LOOK, LISTEN AND SAY.

## 42 2 LISTEN AND COLOR.

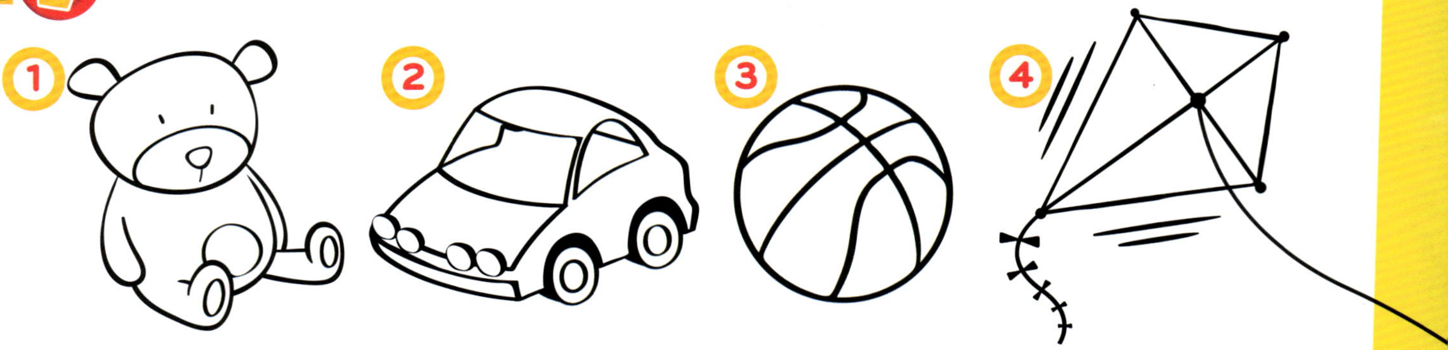


## 43 3 LISTEN, FIND AND POINT.

## 4 THINK AND COLOR.

44 **5** LISTEN AND STICK.

**6** LOOK, THINK AND MATCH.

1

A

2

B

45 **7** LOOK, LISTEN AND SAY.

**8** LOOK, POINT AND TALK.

46 9 LOOK AND LISTEN.

## 10 THINK AND CHECK.

## 47 11 LISTEN AND SAY. THEN STICK.

LET'S HELP HIM ORGANIZE THIS ELEGANT ART SET.

## 12 PRESS OUT AND PLAY.

48 13 LISTEN, NUMBER AND SING.

# WHAT'S YOUR FAVORITE TOY?

1 WHAT'S YOUR FAVORITE TOY?
CAN YOU GUESS? CAN YOU GUESS?
I THINK IT'S A BALL.
OH YES, OH YES!

2 WHAT'S YOUR FAVORITE TOY?
CAN YOU GUESS? CAN YOU GUESS?
I THINK IT'S A KITE.
OH YES, OH YES!

3 WHAT'S YOUR FAVORITE TOY?
CAN YOU GUESS? CAN YOU GUESS?
I THINK IT'S AN ART SET.
OH YES, OH YES!

4 WHAT'S YOUR FAVORITE TOY?
CAN YOU GUESS? CAN YOU GUESS?
I THINK IT'S A BIKE.
OH YES, OH YES!

I HAVE AN IDEA.
CAN YOU GUESS? CAN YOU GUESS?
WANNA PLAY TOGETHER?
OH YES, OH YES!

## 14 DO THE CROSSWORD PUZZLE.

BALL

ART SET

KITE

CAR

DOLL

| | | | | | | | | | |
|---|---|---|---|---|---|---|---|---|---|
| | | | T | | | | | | |
| K | | T | | | | | | | |
| | | | | O | L | L | | | |
| | | | D | | | | | | |
| | | | Y | | | | | | |
| | | | ★ | | | | | | |
| | | | | A | L | L | | | |
| B | | K | | | | | | | |
| | | | | R | T | ★ | | E | T |
| C | A | | | | | | | | |

TEDDY BEAR

BIKE

## 15 DRAW AND TALK.

# 6 LET'S STUDY

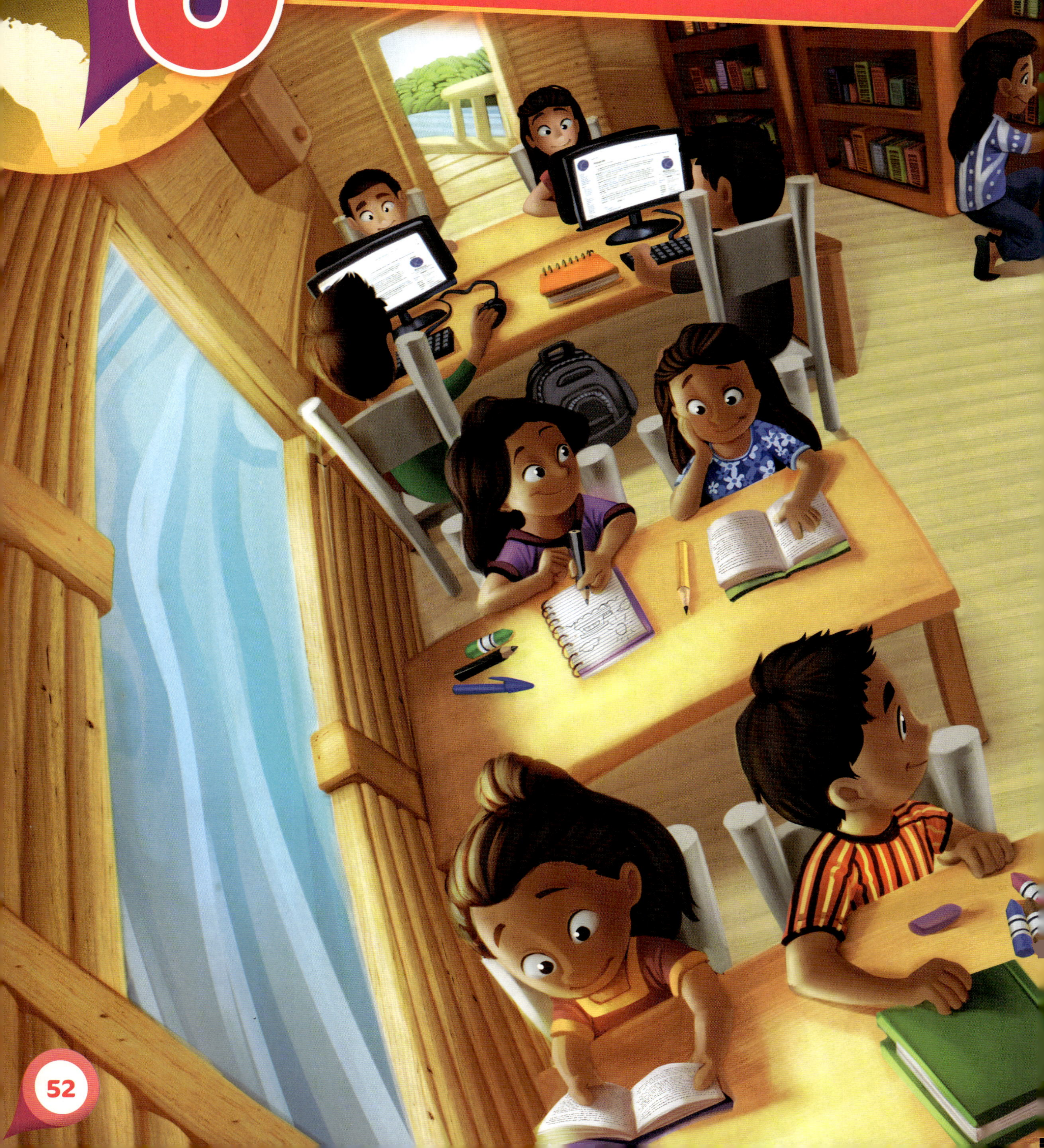

## 4 LISTEN, LOOK AND CHECK.

51

1

A 

B 

C 

2

A 

B 

C 

3

A 

B 

C 

## 5 LOOK, THINK AND DRAW.

52 **6** **LOOK, LISTEN AND SAY.**

**7** **TALK AND STICK.**

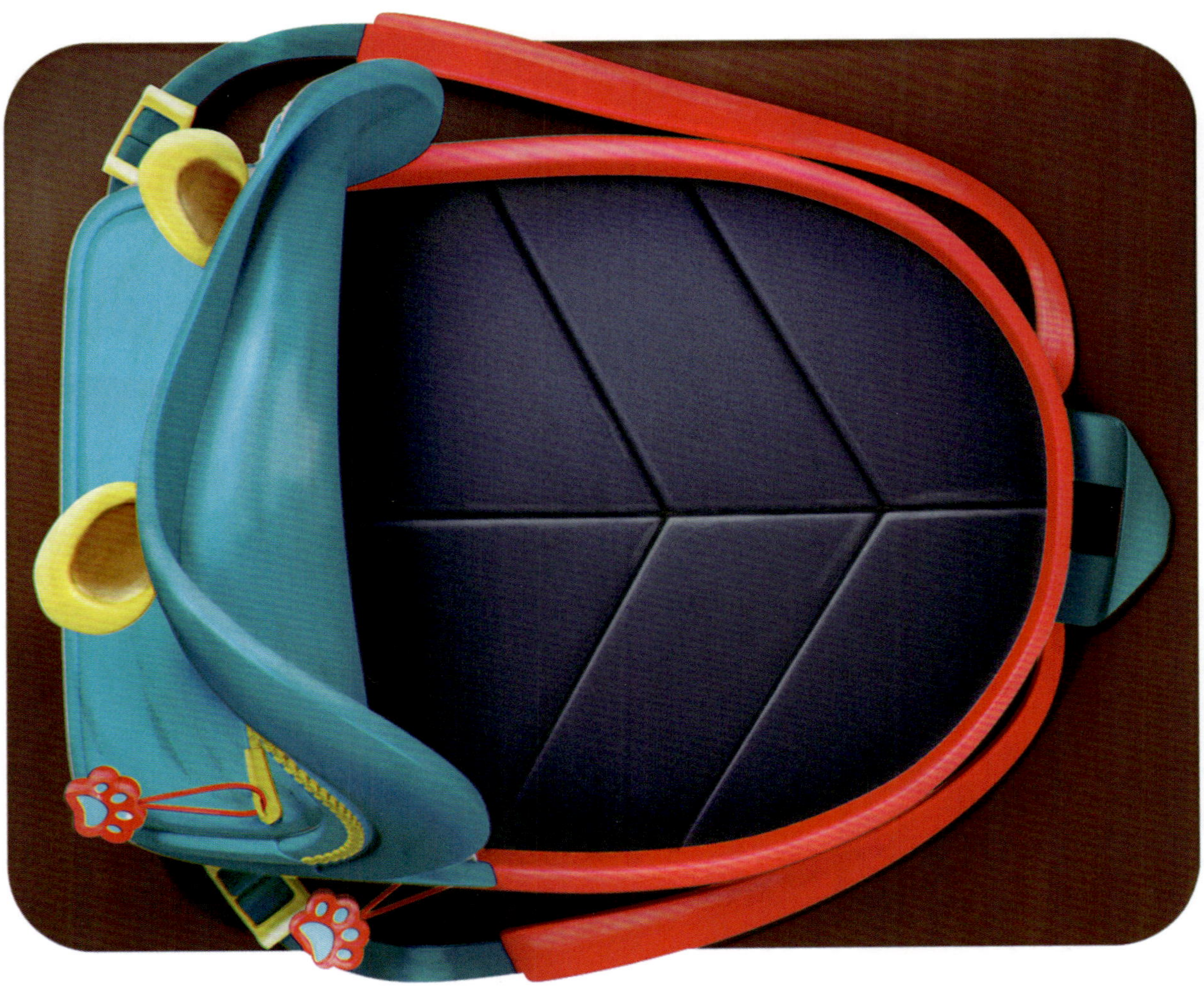

## LOOK AND LISTEN.

9 THINK, DRAW AND COLOR.

54 10 LISTEN AND SAY. THEN COLOR.

11 PRESS OUT AND PLAY.

55 12 **LISTEN, DRAW AND SING.**

# ALWAYS BE GENTLE

GENTLE, GENTLE, ALWAYS BE GENTLE.
GENTLE, GENTLE, ALWAYS BE GENTLE.

OH, PLEASE!
I NEED AN ERASER, A BOOK AND A PENCIL.
HERE YOU ARE.
OH, THANK YOU!
THANK YOU! THANK YOU! THANK YOU!

GENTLE, GENTLE, ALWAYS BE GENTLE.
GENTLE, GENTLE, ALWAYS BE GENTLE.

OH, PLEASE!
I NEED A NOTEBOOK, A CRAYON AND A PEN.
HERE YOU ARE.
OH, THANK YOU!
THANK YOU! THANK YOU! THANK YOU!

GENTLE, GENTLE, ALWAYS BE GENTLE.
GENTLE, GENTLE, ALWAYS BE GENTLE.
ALWAYS BE GENTLE.

## 13 FIND THE 7 DIFFERENCES.

## 14 PLAY AND GUESS!

# REVIEW 5 & 6

56 **1** LISTEN AND NUMBER.

A

B

C

D

**2** COLOR BY CODE.

57

## 3 LISTEN AND CIRCLE. THEN COUNT AND WRITE.

# 7 HOME SWEET HOME

## 4 LOOK, LISTEN AND SAY. THEN MATCH.

60

1 

CIRCLE

2 

RECTANGLE

3 

SQUARE

4 

TRIANGLE

A 

B 

C 

D 

## 5 LOOK, LISTEN AND NUMBER.

61

#house

A 

B 

C 

D 

E 

F 

## 6 DRAW YOUR FAVORITE PART OF THE HOUSE.

62

## 7 LOOK, LISTEN AND SAY.

## 8 STICK AND TALK.

63

## 9 LOOK AND LISTEN.

## 10 EXPLORE AND COMPLETE.

| SHAPE | ✓ | ✗ | HOW MANY? |
|---|---|---|---|
| ○ | | | |
| ▭ | | | |
| □ | | | |
| △ | | | |

## 64 11 LISTEN AND SAY. THEN FIND AND CIRCLE.

RUSSELL RECOGNIZES THREE RED RECTANGLES IN THE CAR.

## 12 PRESS OUT AND PLAY.

65 **13** LISTEN, DRAW AND SING!

# WHERE'S THE CIRCLE?

WHERE'S THE CIRCLE?
LOOK, THE WINDOW IS A CIRCLE!

WHERE'S THE WINDOW?
IN THE LIVING ROOM.

WHERE'S THE LIVING ROOM?
IN THE HOUSE.

WHERE'S THE HOUSE?
IN THE STREET.

WHERE'S THE STREET?
IN THE CITY.

WHERE'S THE CITY?
IN THE COUNTRY.

WHERE'S THE COUNTRY?
IN THE WORLD.

LOOK, THE WORLD IS A CIRCLE TOO!

## 14 LOOK AND CHECK.

1

A CIRCLE ◯ A SQUARE ◯

2

A RECTANGLE ◯ A TRIANGLE ◯

3

A TRIANGLE ◯ A SQUARE ◯

4

A RECTANGLE ◯ A CIRCLE ◯

## 15 CREATE WITH SHAPES. THEN TALK.

# 8 PICNIC DAY

66 **1** LOOK, LISTEN AND SAY.

67 **2** LOOK, LISTEN AND SAY. THEN DRAW AND COLOR.

I DON'T LIKE

I LIKE

I LOVE

68 **3** LISTEN, FIND AND POINT.

**4** THINK AND STICK.

69

## 5 LOOK, LISTEN AND NUMBER.

## 6 WHAT'S MISSING? LOOK AND CIRCLE.

## 7 LOOK, LISTEN AND SAY.

## 8 DRAW AND TALK.

71

## 9 LOOK AND LISTEN.

10 THINK AND CHECK.

72 11 LISTEN AND SAY. THEN STICK.

12 PRESS OUT AND TALK.

73 13 LISTEN, POINT AND SING!

# SNACK TIME!

OH, I'M HUNGRY,
I'M VERY, VERY HUNGRY!
PLEASE HAVE A COOKIE.
YUMMY! COOKIES!

OH, I'M HUNGRY,
I'M STILL VERY HUNGRY!
PLEASE HAVE AN APPLE.
YUMMY! COOKIES AND APPLES!

OH, I'M HUNGRY,
I'M STILL VERY HUNGRY!
PLEASE HAVE SOME TOAST.
YUMMY! COOKIES, APPLES AND TOAST!

OH, I'M HUNGRY,
I'M STILL VERY HUNGRY!
PLEASE HAVE SOME CAKE.
YUMMY! COOKIES, APPLES, TOAST AND CAKE!

OH, I'M HUNGRY,
I'M STILL VERY HUNGRY!
PLEASE HAVE A BANANA.
YUMMY! COOKIES, APPLES, TOAST, CAKE AND BANANAS!
NOW I'M REALLY FULL!

## 14 GUESS WHO? LOOK AND PLAY.

# REVIEW 7 & 8

## 1 IDENTIFY AND NUMBER.

A KITCHEN

B BEDROOM

C LIVING ROOM

D BATHROOM

## 2 LISTEN AND COLOR.

74

3 THINK AND STICK. THEN LOOK, READ AND DRAW.

1 I BANANAS.

2 I ORANGE JUICE AND MILK.

3 I COOKIES AND APPLES.

4 I CAKE AND TOAST.

# GOODBYE

**LOOK AND IMAGINE.**

Colors
ABC

HANDS ON

# MAKING A POSTER OF OUR PETS

MIME YOUR PET.

LOOK AND ORDER.

A

B

C

LOOK AND WRITE *P*, *A* OR *S*.

P PUP

A ADULT

S SENIOR

MAKE A POSTER.

# MAKING A ZOOM BALL

TALK ABOUT TOYS.

LOOK AND SAY. THEN CHECK.

RUBIK'S CUBE

ZOOM BALL

GALIMOTO

CARDBOARD PLANE

BOARD GAME

PIÑATA

MAKE A ZOOM BALL.

# WHAT'S THIS? LET'S DISCOVER!

4
5 GO FORWARD 1 SPACE
6
7
8
9
10 GO BACK 2 SPACES
11
12
20
21
FINISH

# INSTRUCTIONS

75

CHECK

CIRCLE

COLOR

COUNT

DANCE

DRAW

FIND

LISTEN

LOOK

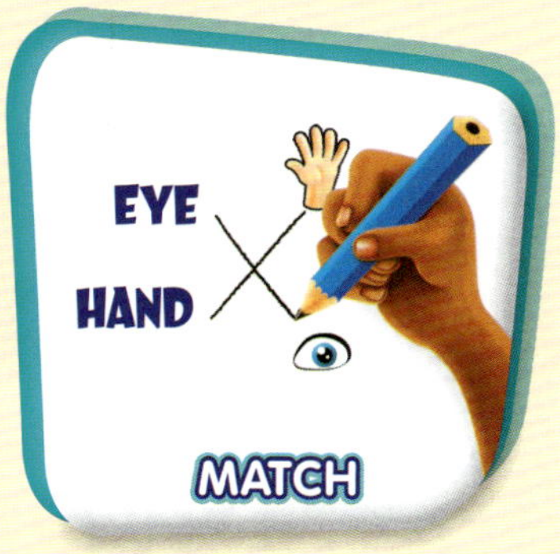

MATCH

NUMBER

PLAY

POINT

PRESS OUT

SAY

SING

STICK

TALK

THINK

WRITE

## UNIT 1

**ADD:** ADICIONAR
**ANGOLA:** ANGOLA
**BIG:** GRANDE
**BROTHER:** IRMÃO
**CHILDREN:** CRIANÇAS
**COME:** VENHAM
**DAD:** PAPAI
**FAMILY:** FAMÍLIA
**GRANDMA:** VOVÓ
**GRANDPA:** VOVÔ
**HAVE:** TÊM
**IT DOESN'T MATTER.:** NÃO IMPORTA.
**JUST:** APENAS
**LET'S...:** VAMOS...
**LOVE:** AMO, AME
**MEET:** CONHECER
**MOM:** MAMÃE
**NICE TO MEET YOU!:** PRAZER EM CONHECÊ-LOS(AS)!
**SISTER:** IRMÃ
**SMALL:** PEQUENA
**THEM ALL:** TODOS ELES
**THIS:** ESTE/ESTA
**TIC-TAC-TOE:** JOGO DA VELHA
**TOO:** TAMBÉM
**WHAT:** O QUE
**WHERE:** ONDE

## UNIT 2

**BAKE:** ASSAR
**BALL PIT:** PISCINA DE BOLINHAS
**BIRTHDAY:** ANIVERSÁRIO
**BLACK:** PRETO(A)
**BLUE:** AZUL
**BROWN:** MARROM
**CAKE:** BOLO
**CAN:** POSSO
**COLOR:** COR
**DON'T BE AFRAID!:** NÃO TENHA MEDO!
**DOWN THERE:** LÁ EMBAIXO
**FAVORITE:** FAVORITO(A)
**FUN:** DIVERSÃO
**GRAY:** CINZA
**GREAT:** ÓTIMA
**GREEN:** VERDE
**JUNGLE GYM:** TREPA-TREPA
**LIKES:** GOSTA
**MAKE:** FAZER, FAÇA
**ODD ONE OUT:** QUE NÃO PERTENCE
**ORANGE:** LARANJA
**PINK:** COR-DE-ROSA
**PLAY:** BRINCAR, BRINCAM, BRINQUE
**PLAYGROUND:** PARQUINHO
**PLAYING:** BRINCANDO
**PURPLE:** ROXO(A)
**RED:** VERMELHO(A)
**RIGHT BEHIND:** LOGO ATRÁS
**SEESAW:** GANGORRA
**SLIDE:** ESCORREGADOR
**STUDENT:** ALUNO(A)
**SURPRISE:** SURPRESA
**SWING:** BALANÇO
**TRAMPOLINE:** PULA-PULA
**UNITED STATES:** ESTADOS UNIDOS
**WHITE:** BRANCO(A)
**WORLD:** MUNDO
**YELLOW:** AMARELO(A)

## UNIT 3

**ADOPT:** ADOTAR
**BRAZIL:** BRASIL
**CAT:** GATO
**CUTE:** FOFO(A)
**DOG:** CACHORRO
**FERRET:** FURÃO
**FINE:** BEM
**HAMSTER:** *HAMSTER*
**HOPE:** ESPERANÇA
**HOW MANY:** QUANTOS(AS)
**IGUANA:** IGUANA
**INCREDIBLE:** INCRÍVEL
**LIVES:** MORA, VIVE
**LOOK!:** OLHEM!
**PETS:** ANIMAIS DE ESTIMAÇÃO
**RABBIT:** COELHO
**TAKE GOOD CARE:** CUIDE BEM
**TURTLE:** TARTARUGA

## UNIT 4

**ARMS:** BRAÇOS
**BODY:** CORPO
**CHOREOGRAPHY:** COREOGRAFIA
**CLAP:** BATA (PALMAS)
**DANCE:** DANÇAR, DANÇAM, DANCE
**EARS:** ORELHAS
**EELS:** ENGUIAS
**EYES:** OLHOS
**FEET:** PÉS
**HANDS:** MÃOS
**HAVE:** TENHO
**HEAD:** CABEÇA
**INDIA:** ÍNDIA
**LEGS:** PERNAS
**LIKE:** GOSTO; DA MESMA FORMA QUE
**LIVE:** MORAM, VIVEM
**MOUTH:** BOCA
**MOVE:** MOVA, MEXA
**NOSE:** NARIZ
**REEFS:** CORAIS
**STAMP:** BATA (OS PÉS)
**TOUCH:** TOQUE

## UNIT 5

**ART SET:** ESTOJO DE ARTES
**BALL:** BOLA
**BIKE:** BICICLETA
**CAN:** CONSEGUEM

**CAR:** CARRO
**CHINA:** CHINA
**CHINESE:** CHINÊS/ CHINESA
**CROSSWORD PUZZLE:** CRUZADINHA
**DOLL:** BONECA
**ELEGANT:** ELEGANTE
**GUESS:** ADIVINHAR
**HELP:** AJUDAR
**IDEA:** IDEIA
**KITE:** PIPA, PAPAGAIO
**MAY:** POSSO
**MISSING:** FALTANDO
**ORGANIZE:** ORGANIZAR
**SHUTTLECOCK:** PETECA
**TEDDY BEAR:** URSO DE PELÚCIA
**THANK YOU!:** OBRIGADO(A)!
**THINK:** ACHO
**TIME TO:** HORA DE
**TOGETHER:** JUNTOS(AS)
**TOYS:** BRINQUEDOS
**WANNA:** QUER
**YO-YO:** IOIÔ

## UNIT 6

**ALWAYS:** SEMPRE
**BACKPACK:** MOCHILA
**BANGLADESH:** BANGLADESH
**BOAT:** BARCO
**BOOK:** LIVRO
**CRAYON:** GIZ DE CERA
**ERASER:** BORRACHA
**FLOATING:** FLUTUANTE
**GENTLE:** GENTIL
**GO!:** VÁ!
**I'M AFRAID...:** TEMO QUE...
**NEED:** PRECISO, PRECISA
**NOTEBOOK:** CADERNO
**OVER THERE:** PARA LÁ
**PEN:** CANETA
**PENCIL:** LÁPIS
**PLEASE:** POR FAVOR
**ROW:** REMAR
**SCHOOL:** ESCOLA
**SCHOOL OBJECTS:** MATERIAIS ESCOLARES
**SPECIAL:** ESPECIAL
**STUDY:** ESTUDAR, ESTUDAM
**TAKE:** PEGUE
**WELCOME:** BEM-VINDOS

## UNIT 7

**BATHROOM:** BANHEIRO
**BEDROOM:** QUARTO
**CAREFUL:** CUIDADOSO
**CIRCLE:** CÍRCULO
**CITY:** CIDADE
**COUNTRY:** PAÍS
**CURIOUS:** CURIOSO
**DINING ROOM:** SALA DE JANTAR
**DOOR:** PORTA
**DRAGON:** DRAGÃO
**EVERYWHERE:** EM TODOS OS LUGARES
**HOME:** LAR
**HOUSES:** CASAS
**KITCHEN:** COZINHA
**KNOW:** SEI
**LIVING ROOM:** SALA DE ESTAR
**LOOKS LIKE:** PARECE
**RECOGNIZES:** RECONHECE
**RECTANGLE:** RETÂNGULO
**SCARY:** ASSUSTADOR
**SEE:** VEJO
**SHAPES:** FORMAS
**SPAIN:** ESPANHA
**SQUARE:** QUADRADO
**STREET:** RUA
**SWEET:** DOCE
**TRIANGLE:** TRIÂNGULO
**WINDOW:** JANELA
**YARD:** QUINTAL

## UNIT 8

**APPLES:** MAÇÃS
**AUSTRALIA:** AUSTRÁLIA
**BANANAS:** BANANAS
**BISCUITS:** BISCOITOS
**BRINGING:** TRAZENDO
**CAKE:** BOLO
**COOKIES:** BISCOITOS
**DAY:** DIA
**DON'T LIKE:** NÃO GOSTO
**EAT:** COMEM
**FULL:** SATISFEITA
**GUESS WHO?:** ADIVINHA QUEM É?
**HUNGRY:** COM FOME
**LIKE:** GOSTO
**LOVE:** AMO
**MILK:** LEITE
**ORANGE JUICE:** SUCO DE LARANJA
**PICNIC:** PIQUENIQUE
**REALLY:** REALMENTE
**SNACK:** LANCHE
**SOME:** ALGUNS/ ALGUMAS; UM POUCO DE
**STILL:** AINDA
**THANKS!:** OBRIGADO(A)!
**TOAST:** TORRADA
**VERY:** MUITO
**WANT:** QUERO

WORKBOOK UNIT 1

NAME: ..............................................  CLASS: ..............

## 1 LOOK AND STICK.

## 2 LOOK AND CIRCLE.

## 3 LOOK AND NUMBER.

NAME: ..........................................  CLASS: ..................

## 1 COLOR BY CODE TO FIND THE PLAYGROUND.

1 2 3 4 5 6 7

## 2 CIRCLE THE ODD ONE OUT.

1

2

3

## 3 LOOK AND CHECK.

1

BLUE ◯ BROWN ◯

2

GREEN ◯ ORANGE ◯

3

PURPLE ◯ YELLOW ◯

4

BLACK ◯ PINK ◯

NAME: ..................................................................... CLASS: ...................

## 1 LOOK AND COLOR.

## 2 LOOK AND NUMBER.

## 3 FIND THE 6 DIFFERENCES.

NAME: ............................................................ CLASS: ..................

## 1 LOOK, COUNT AND WRITE.

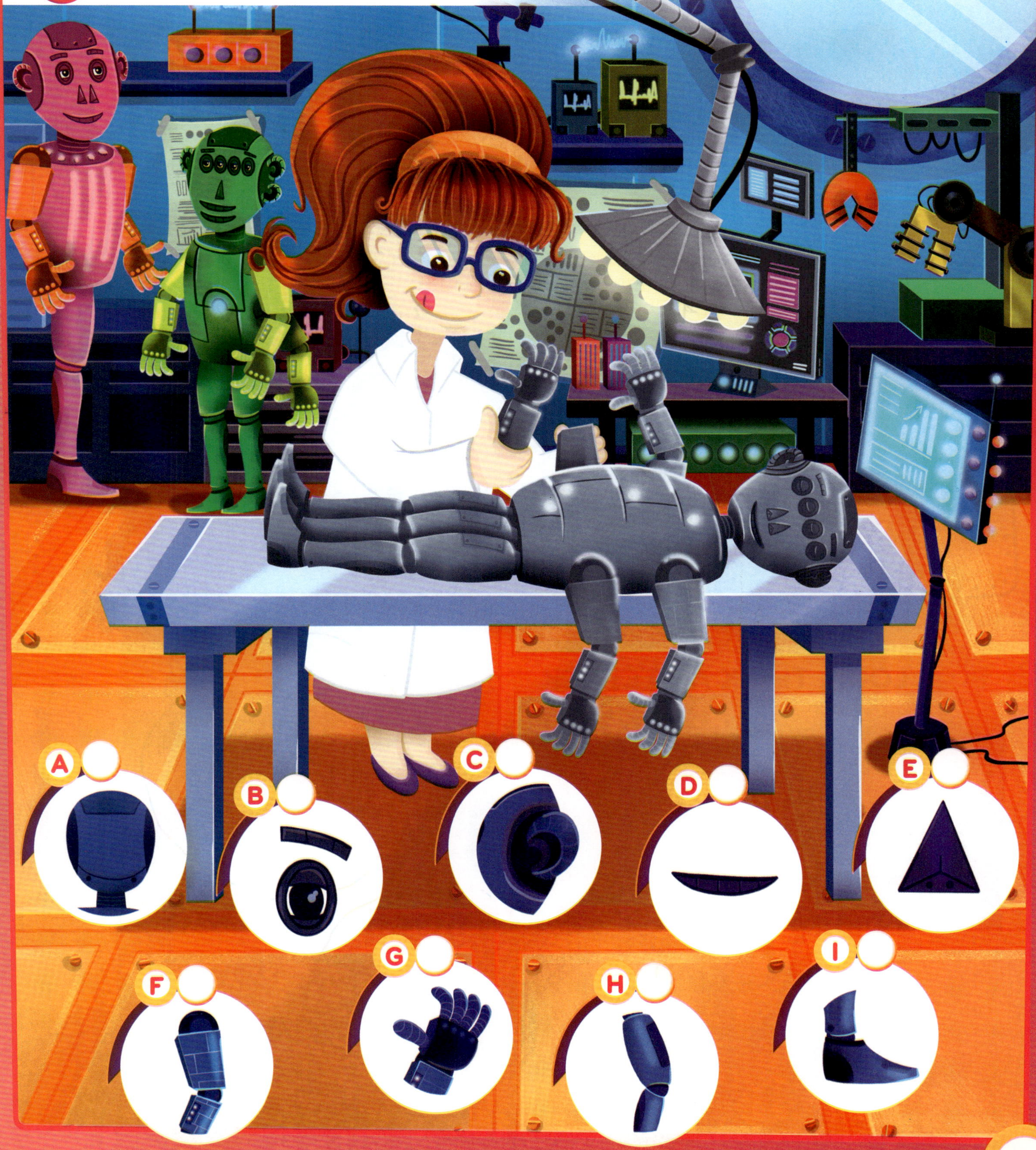

## 2 LOOK AND MATCH.

## 3 LOOK, THINK AND CHECK.

NAME: .................................................. CLASS: ..................

1 LOOK, FIND AND CIRCLE. THEN DRAW.

## 2 LOOK AND NUMBER. THEN COLOR.

1

2

3

4

A

B

C

D

## 3 CIRCLE THE ODD ONE OUT.

1

2

NAME: ..........................................................  CLASS: ..................

## 1 LOOK, COUNT AND COMPLETE.

2 B__CKP__CKS

9 B___KS

__ CRAYONS

__ ERASERS

4 NOT__BO__KS

__ PENS

7 P__NC__LS

## 2 LOOK AND NUMBER.

1 

2 

3 

4 

A ◯ 

B ◯ 

C ◯ 

D ◯ 

## 3 LOOK, READ AND CIRCLE.

I NEED A . ✓ X

I NEED AN . ✓ X

I NEED A . ✓ X

I NEED A . ✓ X

I NEED A . ✓ X

I NEED A . ✓ X

I NEED A . ✓ X

I NEED AN . ✓ X

NAME: ..............................................................   CLASS: ..................

## 1 FIND THE WAY TO THE SHAPES.

## 2 LOOK AND COUNT. THEN COLOR.

## 3 LOOK, UNSCRAMBLE AND WRITE.

1. 

INGDIN OROM

______________________

2. 

DAYR

______________________

3. 

DEBRMOO

______________________

4. 

IVILNG RMOO

______________________

5. 

KCIHTEN

______________________

6. 

OROMBTAH

______________________

NAME: ...............................................................................  CLASS: ..................

## 1 CONNECT THE DOTS. THEN COLOR AND NUMBER.

1

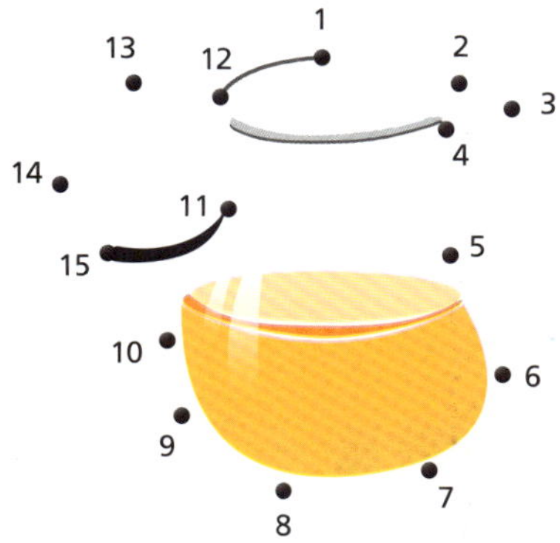

2

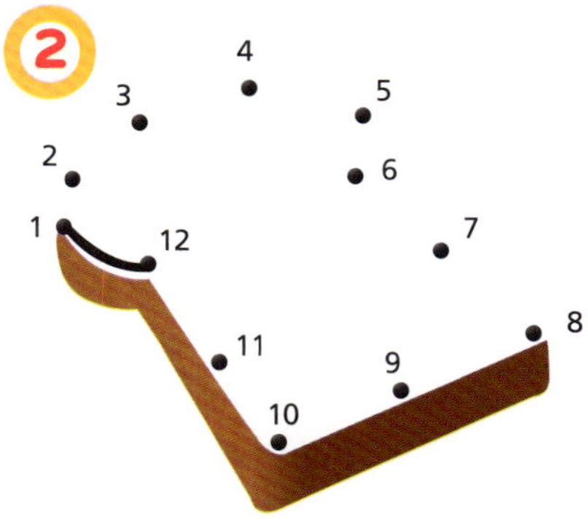

5

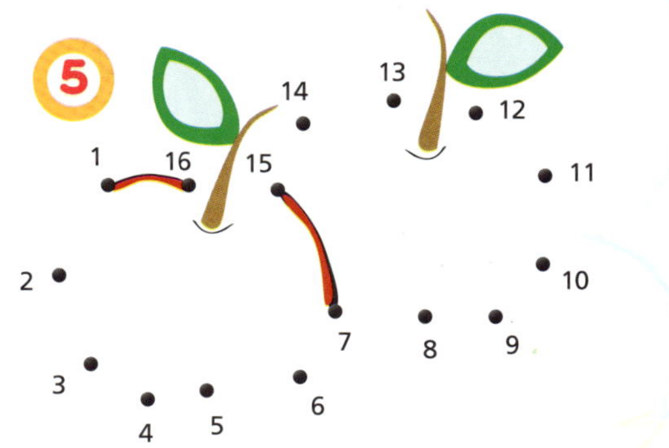

3

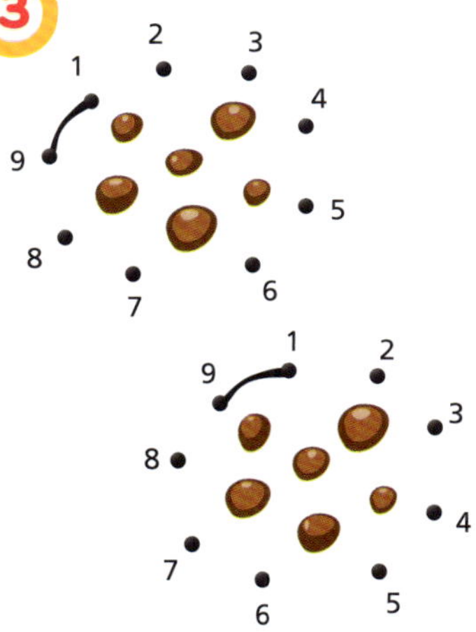

- A ◯ COOKIES
- B ◯ BANANAS
- C ◯ MILK
- D ◯ APPLES
- E ◯ CAKE
- F ◯ TOAST
- G ◯ ORANGE JUICE

6

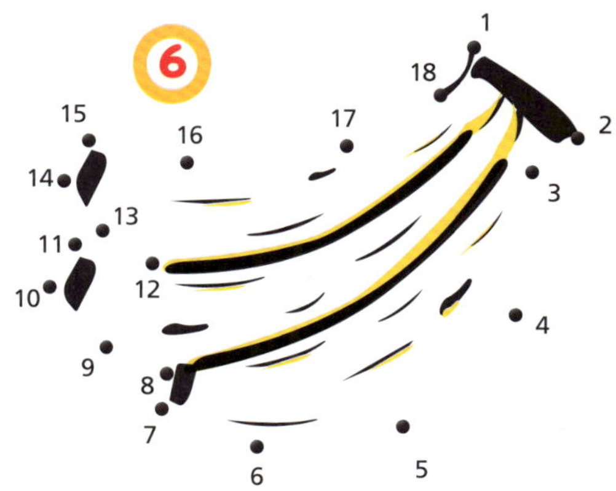

4

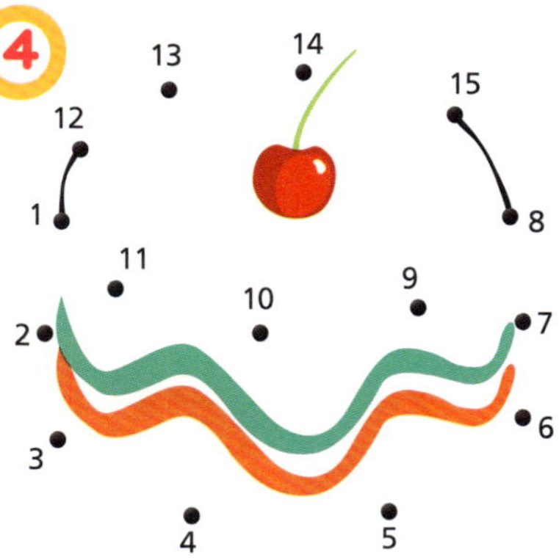

7

## 2 LOOK AND NUMBER.

## 3 LOOK AND COMPLETE.

FOLD

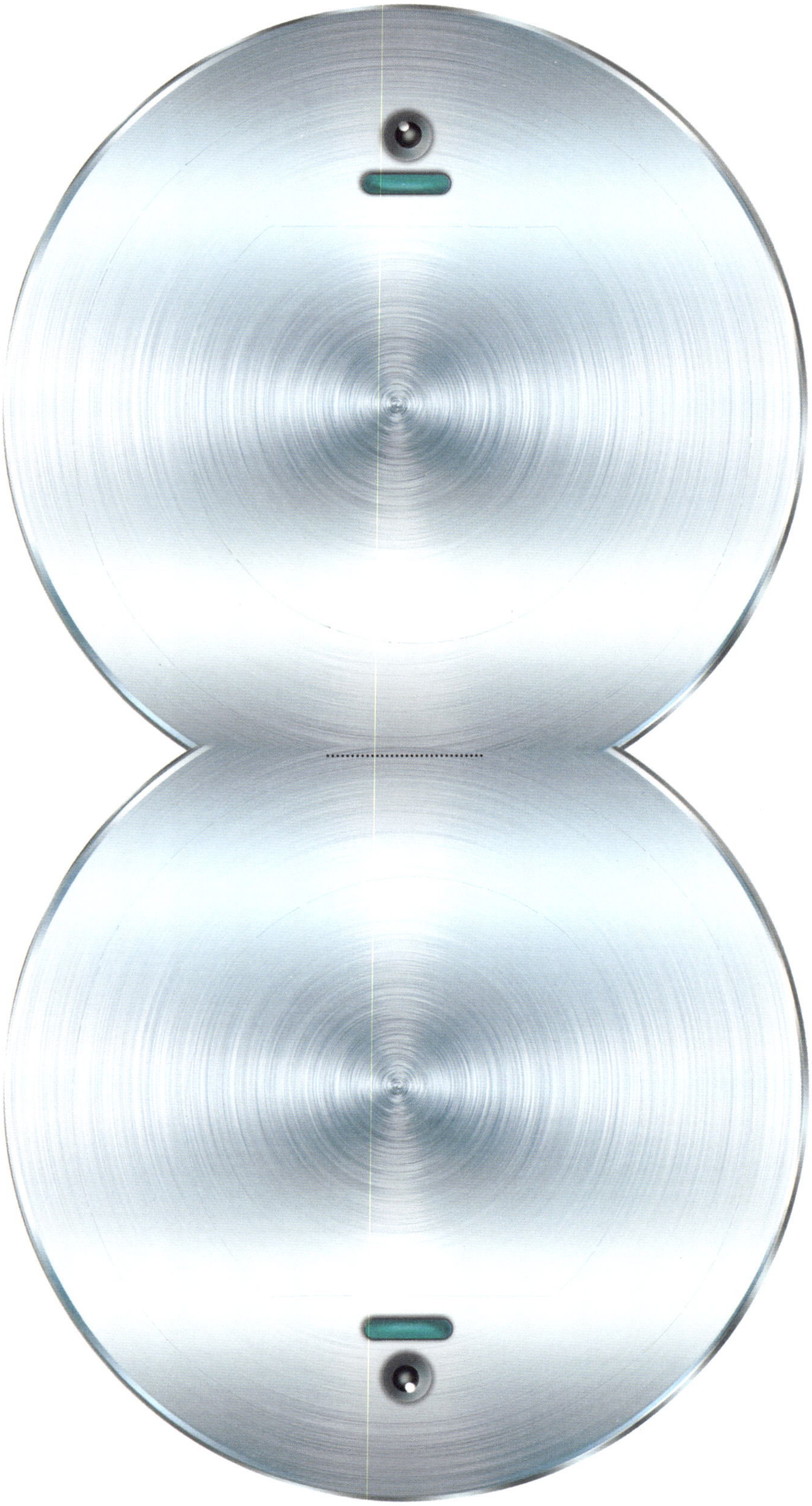

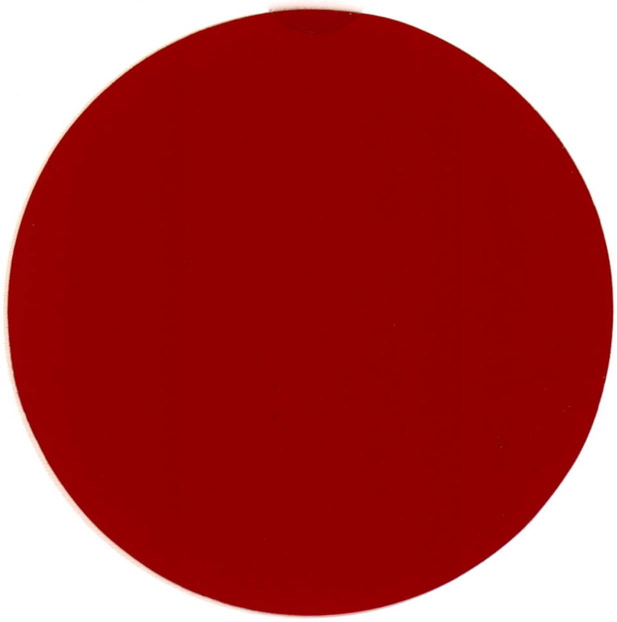

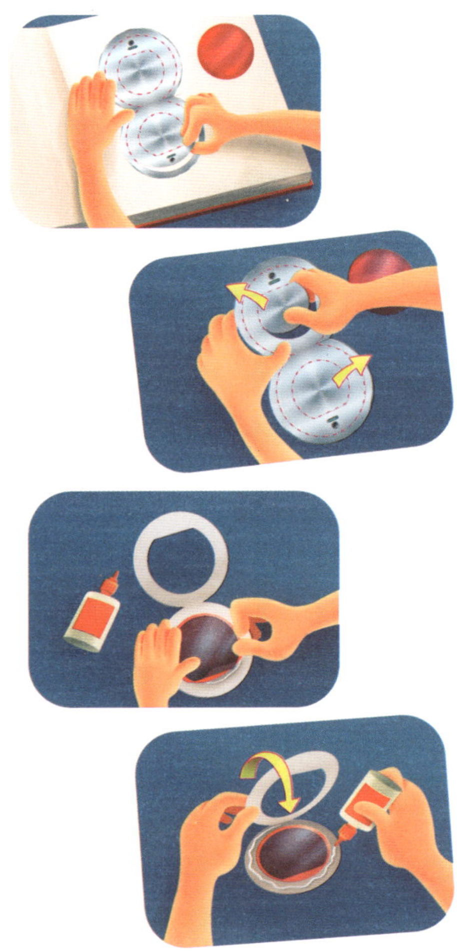

8

FOLD

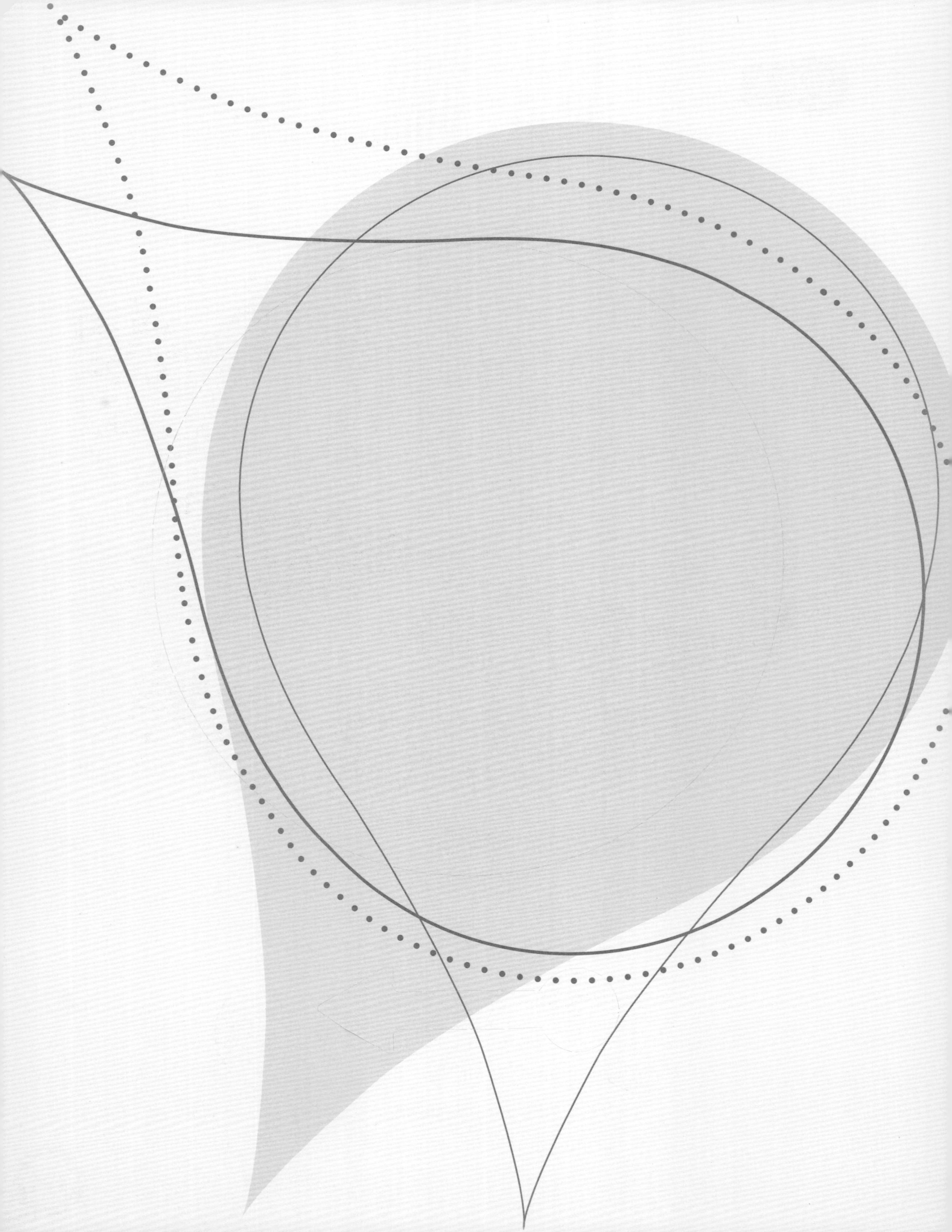

UNIT 4

FOLD

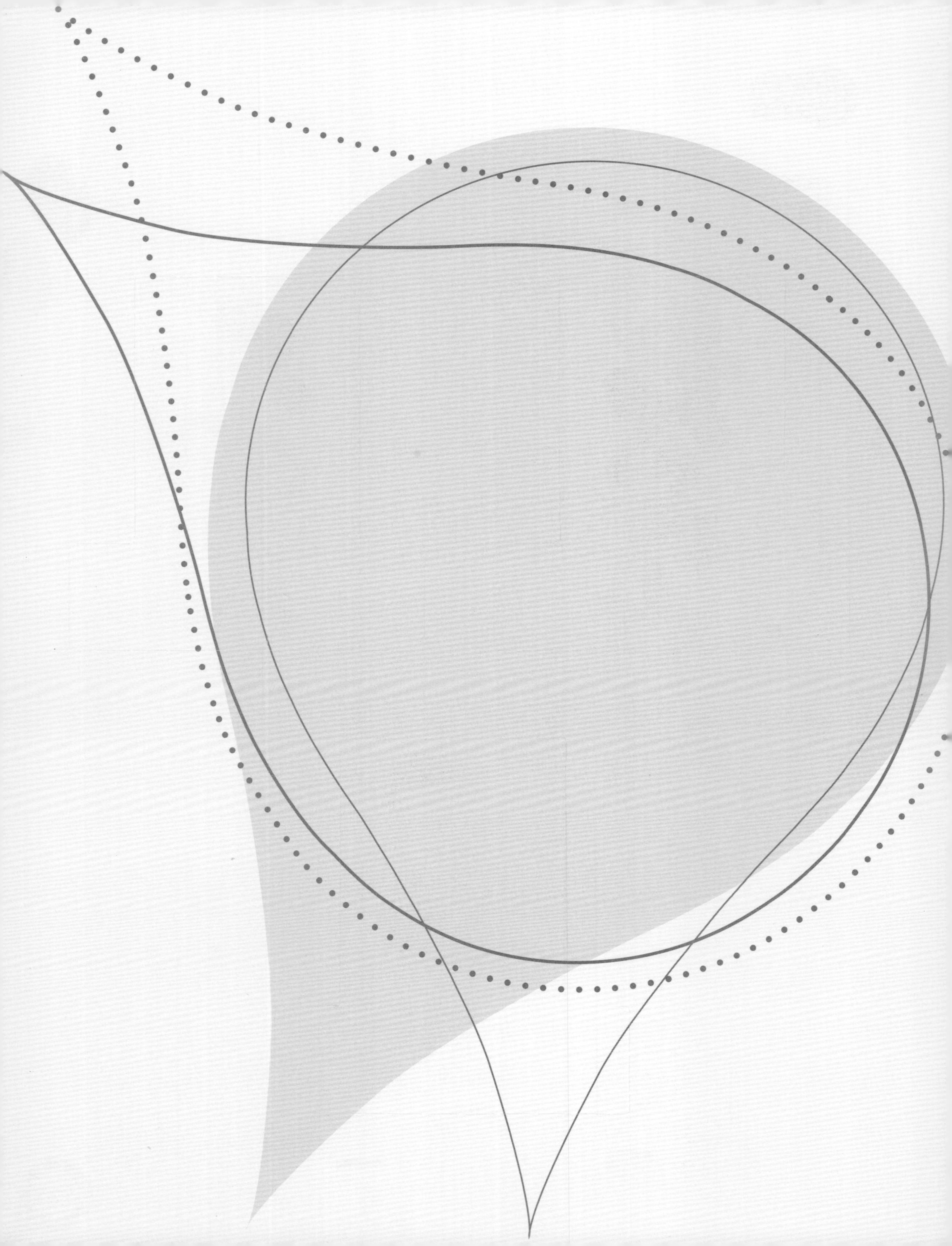

## UNIT 5

ART SET

BALL

BIKE

CAR

DOLL

KITE

TEDDY BEAR

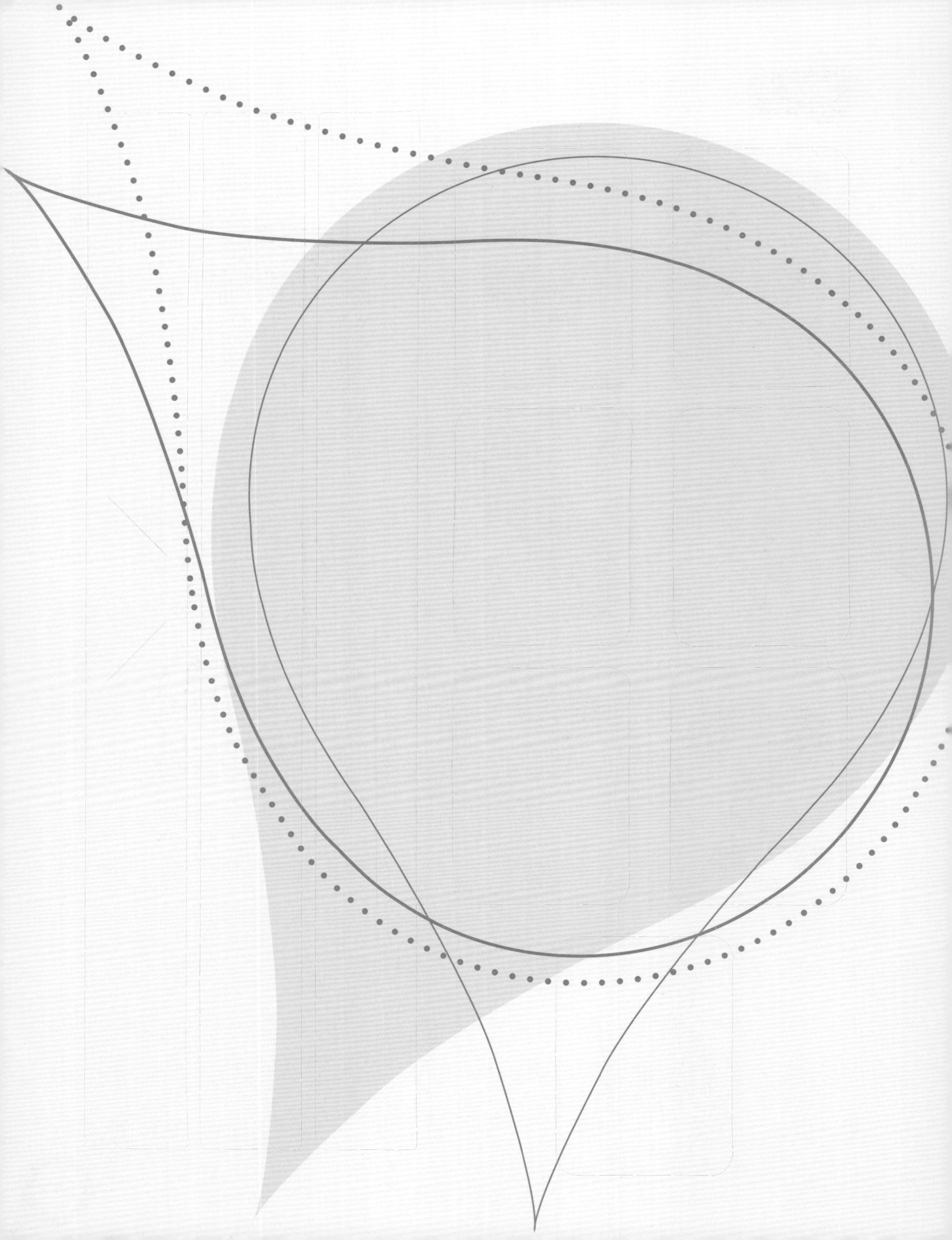

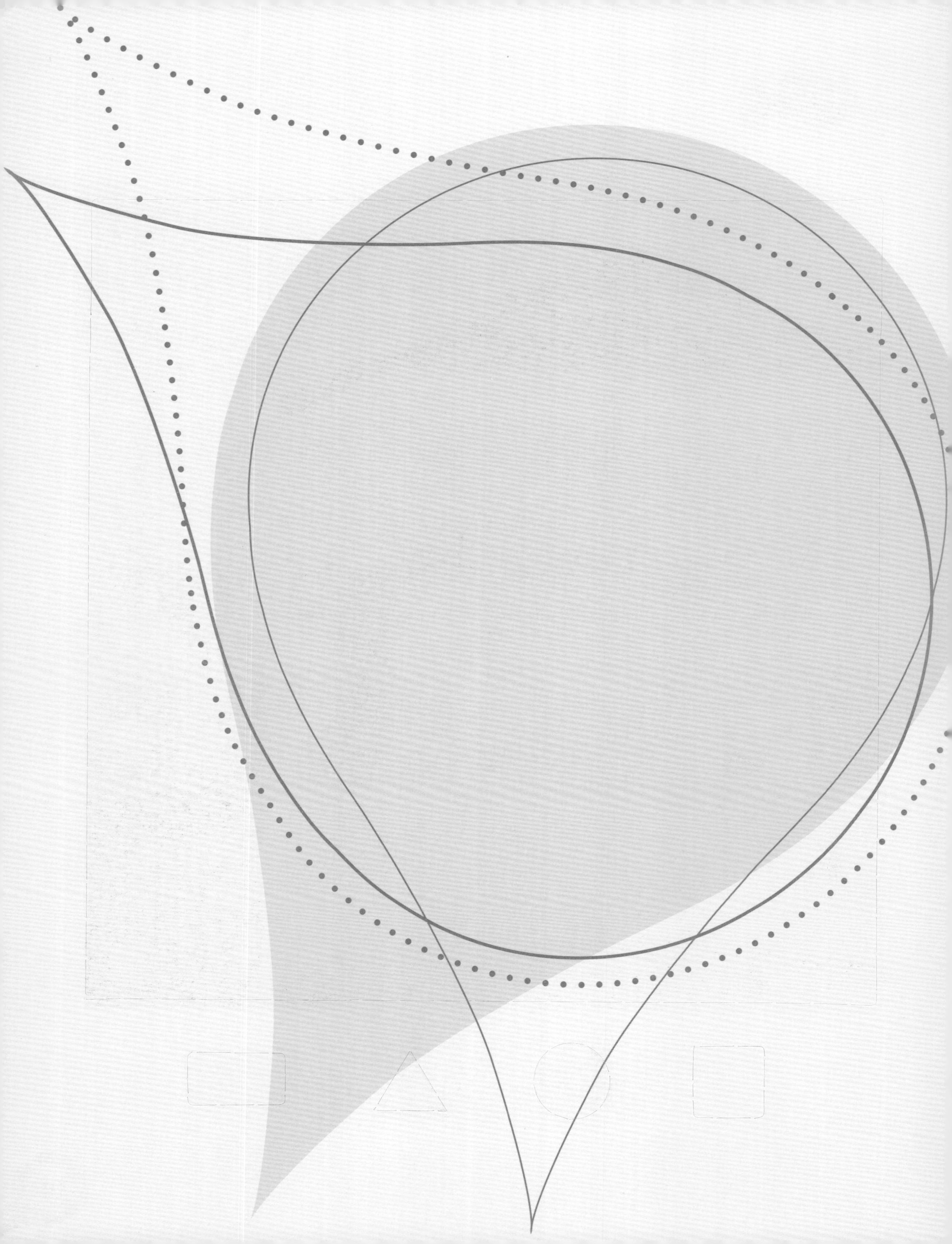

## GAME

FOLD

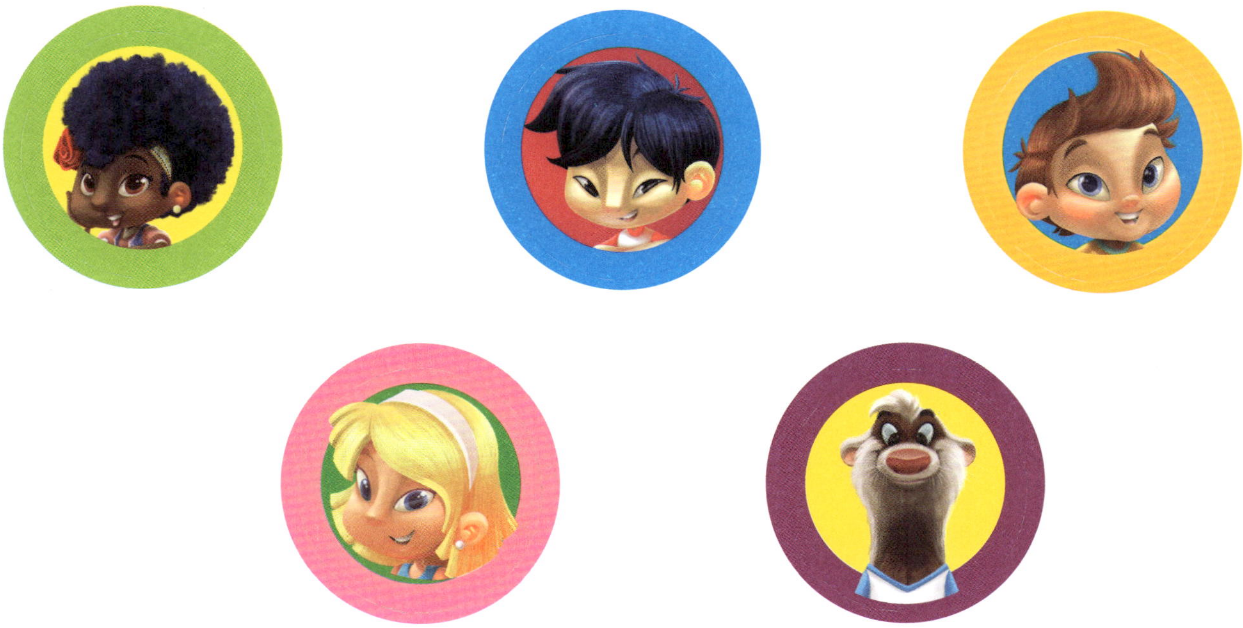

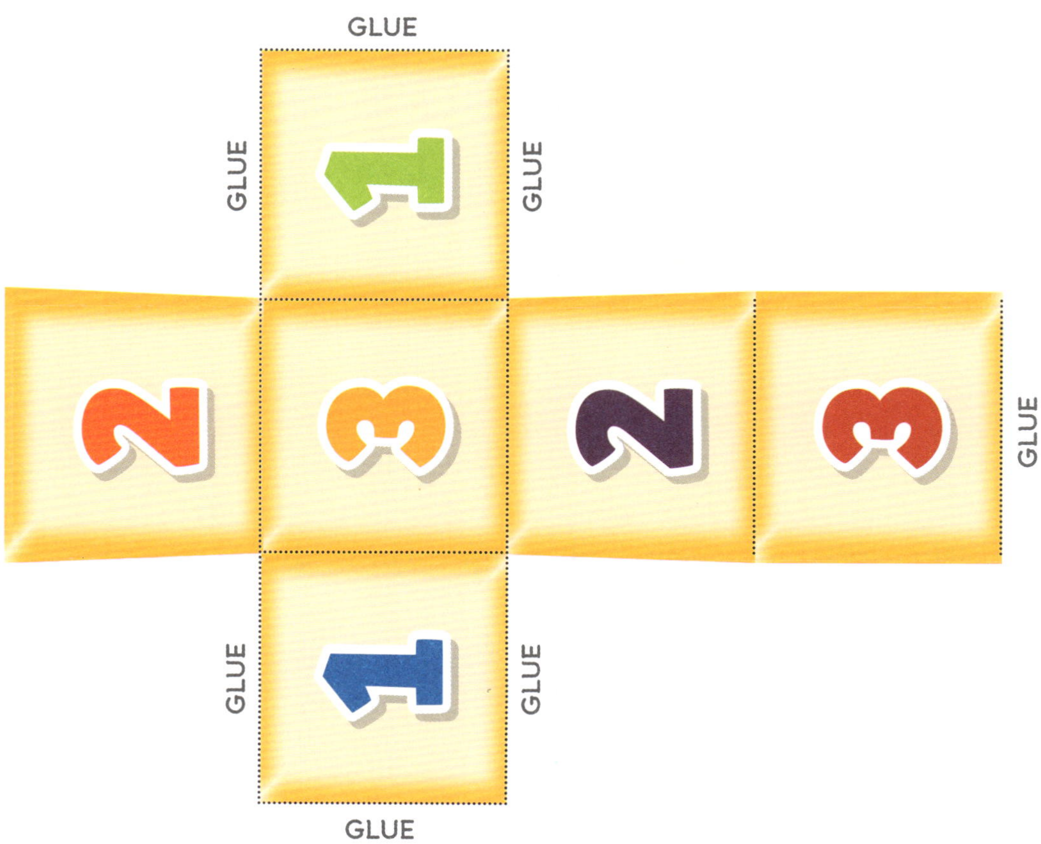

## UNIT 1

## UNIT 2

## REVIEW 1 & 2

## UNIT 3

UNIT 4

**10**

**13**

## REVIEW 3 & 4

## UNIT 5

**5**

**11**

## UNIT 6

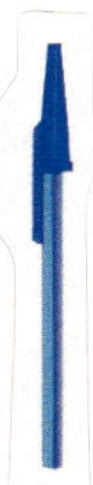

## UNIT 7

8

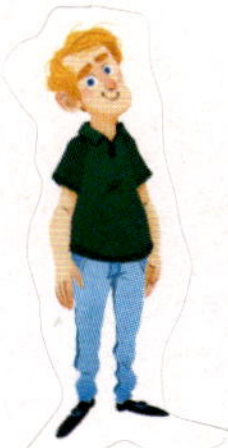

**15**

## UNIT 8

**4**

**11**

## REVIEW 7 & 8

## WORKBOOK UNIT 1

## HANDS ON